自律力

[美] 艾伦·韦斯
Alan Weiss
[美] 马歇尔·古德史密斯 ◎ 著
Marshall Goldsmith
李懿卉 ◎ 译

新世界出版社
NEW WORLD PRESS

北京版权保护中心引进书版权合同登记号：图字 01-2021-4609 号

图书在版编目（CIP）数据

自律力 / (美) 艾伦 · 韦斯，(美) 马歇尔 · 古德史密斯著；李懿卉译 . -- 北京：新世界出版社，2021.9
书名原文：Lifestorming: Creating Meaning and Achievement in Your Career and Life
ISBN 978-7-5104-7302-9

Ⅰ . ①自… Ⅱ . ①艾… ②马… ③李… Ⅲ . ①自律－通俗读物 Ⅳ . ① C933.41-49

中国版本图书馆 CIP 数据核字 (2021) 第 117792 号

自律力

作　　者：[美] 艾伦 · 韦斯　马歇尔 · 古德史密斯
译　　者：李懿卉
策　　划：中资海派
执行策划：黄　河　　桂　林
责任编辑：贾瑞娜
特约编辑：张　可　　彭仪婷
责任校对：宣　慧
责任印制：王宝根
出版发行：新世界出版社
社　　址：北京西城区百万庄大街 24 号（100037）
发 行 部：(010）6899 5968　(010）6899 8705（传真）
总 编 室：(010）6899 5424　(010）6832 6679（传真）
http：//www.nwp.cn　　http：//www.nwp.com.cn
版 权 部：+8610 6899 6306
版权部电子信箱：frank@nwp.com.cn
印　　刷：深圳市精彩印联合印务有限公司
经　　销：新华书店
开　　本：148mm × 210mm　1/32
字　　数：200 千字　　**印　张**：8
版　　次：2021 年 9 月第 1 版　　2021 年 9 月第 1 次印刷
书　　号：ISBN 978-7-5104-7302-9
定　　价：59.80 元

蜕变之旅是一段
积累能力的过程，
而能力来自持续学习。

推荐序

自律：从改变到持变

胡兴都
国内知名营销专家
人生赢家商学院创始人

每个人的人生都充满了风暴，不论是在工作中，还是在生活中。为了应对这些人生难题，艾伦·韦斯和马歇尔·古德史密斯先生为我们创建了帮助读者逐步改变自我的自律指南。作为一流的顾问，他们为成功的企业高管和专业人士提供指导。如果你想变得更好，或者你已经成功使自己改变，并希望将自己的职业生涯提升到一个新的水平，那么，《自律力》将是你不可不读的一本书。这本书充满了简单易懂的模型图、具有挑战性的理论依据，以及切实可行的思维方式和实用工具，有助于我们有效地思考，深入了解那些阻碍我们成功的因素，并推动我们不断前进。

艾伦·韦斯为这本书提供了整体框架和大部分内容，他和马歇尔·古德史密斯就像两个伟大的辩论家一样，在会议厅中娓娓而谈。当其中一人提出非常有用的故事或经历，以便形成一个强有力的观点时,另一个人便会以强大而实用的见解来回应它。那么，要想实现长久、积极的行为变化，让工作和生活持续进阶，我们应该如何行动呢？两位作者极具创见性地为我们提供了逐步改进人生的100个问题，促使我们驾驭自己的生活，成长、发展并成为自己想成为的人。

远离舒适圈，质疑朋友圈。作者开篇便指出，你所处的生活可能并不适合你：听从父母的意愿，被动地成为一名医生、律师或者老师；处在安逸的朋友圈中，与友人做一些“志同道合”的事情，比如一起参加60分万岁的考试、一起放弃减肥、一起抽烟……有时候，家人和朋友能为你助力，但有时候，他们也会阻碍你发展。质疑你的信仰，立下现实可行的志向，开始改变吧！两位作者非常清楚地表明，成功的第一步是决定你想成为什么样的人，并为之付出努力。

刻意改变，不忘思考。每一个成功改变的人，不可避免地会经历从拒绝改变到接受改变，再到主动改变的过程。无论你拥有什么头衔，无论你去过什么地方或者有多少钱，在改变这件事上，只有志向是不够的。在通往成功的路上，你必须全神贯注，积极寻求他人的帮助，并制订周密的计划，譬如请一位教练或者监督员跟踪自己每天的工作流程 。在本书中，两位作者为我们提供了简单易懂的改变方法和战术思维，这包括我们如何与自己交谈，如何厘清自己对未来的畅想，以及需要定期做些什么以便将愿景转化为现实。

断舍离。对于一段关系或一项事业，你不可能永远保持不变，因此，你需要知道什么时候坚持，什么时候放弃。

持久改变。改变或许并不容易，但这是可能的。此外，一旦你取得了一些成功，并努力变得更好，你的视野、你所面临的境况也会相应地发生变化。这时，你就需要继续调整，严于自律。《易经》有言："持变以常。"事物的变化是永恒的规律，我们凡事不可冒失，要注意循序渐进，并随时根据时势变化来调整自己。

《自律力》有普遍适用性。它不是用一些花哨的"金句"来呼吁行动，而是为我们提供一套思考练习。首先，更有效地思考；然后开始行动。我相信，这是每个人取得成就所必需的方式。

此外，在最后一章，作者创建了一个附有 100 项问答的"指南"，旨在测试我们当前的状态，帮助我们更好地将书中涉及的原则整合到日常活动中。这不是一本仅看一遍就足够的励志书，而是一本有志向的人用来实现目标的实用性指南。从改变到持变，从不思考到思考，你将真正成为你想成为的那类人。

权威推荐

杨思卓
世界联合大学副校长

漫无目标的自律，就是一场苦修；目标清晰的自律，就是一场乐行。本书给出一套有效的方法，帮我们找到更有意义的目标。

沃伦 · 本尼斯
美国领导理论大师，四任美国总统顾问团成员

我之所以喜欢马歇尔 · 古德史密斯，有很多原因：他为人慷慨、乐于助人，能够激发出人身上最好的一面；他还具有一种神奇能力，可以营造一种发人深省的氛围。这一切都是一位伟大导师的典型特征。他还可以在谈笑之间让人们领悟到一些极富洞见的观点。

金 墉
世界银行第 12 任行长

我非常幸运地和马歇尔共事了几年，他对我的帮助非常大。本书很好地展示了马歇尔平日的工作，其中很多观点，让我和马歇尔的其他客户受益良多。马歇尔提出的重要、实用且深刻的方法，将帮助你成为一个更好的人，创造更美好的人生！

大卫·科恩伯格
美国运通公司 CEO

马歇尔让我明白了在生活中每个方面做出一点积极改变的重要性。他的课程让你能够从人际关系中找到更重要的意义。

弗雷德·哈桑
华平投资集团（国际领先的私募股权投资公司）总经理
先灵葆雅（全球性跨国制药公司）前 CEO
博士伦隐形眼镜公司主席

在帮助他人成就自我方面，世界上没人比得上马歇尔。

菲利普·科特勒
西北大学凯洛格管理学院教授
现代营销学之父

一本关于如何自我实现的智慧之作，里面充满了有趣的故事。

詹姆斯·库泽斯
畅销书《领导力》作者

如果你想要改变自己的行为，成为理想的自己，克服自己身上的坏毛病，度过一段没有悔恨的人生，那就打开这本书，听从里面的建议吧。

戴维·乌尔里克
人力资源领域世界第一思想家

马歇尔又成功了！他出色地提出了一系列见解深刻而实用的建议。读这本书时，我感觉就像马歇尔在和我促膝长谈，对我亲自指导。从他的思想中学习，从他的故事里汲取养分，并进行积极的行为改变，我感到十分荣幸。对于所有追求进步的人而言，马歇尔真是上天的恩赐。

马克·特尔塞克
高盛集团董事总经理

马歇尔总是充满活力。他帮助那些已经非常成功的人不断变得更好。他的建议对我的事业产生了巨大的帮助，但对我的家庭生活所产生的影响更大。我的妻子和孩子们都在为马歇尔叫好，感谢他帮助我成为一名更好的丈夫和父亲。还有什么比这更妙的呢？

史蒂夫·科尔
高盛集团首席学习官，通用电气前任首席学习官，管理学会主席

马歇尔有一种独特的天赋和一套奇异的技能——他懂得如何深入成功的背后，发掘出一些核心的发展需求，帮助人们取得更大的成就，而且他还能用一种言之有物的方式让人们意识到自己需要做出怎样的改变。他懂得如何激发人们做出改变，而且不会在这个过程中让对方产生拒绝和抵制。

乔治·博斯特
丰田金融服务公司 CEO

马歇尔懂得如何通过一种极富魅力，甚至有些顽皮的方式来讨论一些可能会令人不舒服的问题。那些经他培训的人会变得更好。

里吉斯·舒尔茨
法国达尔蒂集团（欧洲顶级电器零售商）CEO

我非常荣幸地得到过马歇尔·古德史密斯的指导。他能够帮助我改变，使我成为更好的领导者。

罗伯特·帕森
Radio Flyer（美国知名经典儿童品牌）CEO

马歇尔是一位神奇的教练，帮助我成为更好的人。他把智慧、洞察力和实用步骤汇集到一起，帮助所有人进步。

维杰伊·戈文达拉扬
达特茅斯大学塔克商学院全球领导力中心主任

在过去的 10 年当中，我跟马歇尔一起共事，并亲眼看到他如何在达特茅斯教书育人。在我看来，马歇尔是他所从事的这个领域里最优秀的专家。他身上汇集了那些伟大导师所需要的全部品质——无论是从领导力思想、课堂管理，还是从现场指导的角度来说，都是如此。他是达特茅斯大学塔克商学院的一块无价之宝。

泽伦·施罗德
荷兰邦吉集团（世界领先的农业和食品公司）CEO

我很享受这本书。就和之前马歇尔对我的培训一样，书中的宝贵洞见帮助我更进一步，成为理想的自己。

埃里克·舍恩伯格
《企业》杂志董事长兼总编

我向你保证，你会在马歇尔讲述的故事中找到自己的影子，因为我就从中看到了很多自己的影子。如果你仔细阅读马歇尔的文章，你将学会如何向更好的方向改造自己。

约翰·亚历山大
创造性领导力中心（CCL，著名非营利性教育机构）总裁

无论在任何地方，马歇尔·古德史密斯都可以被看成是最优秀的导师和执行官教练。他多年的经验及反复经实践检验的方法已经帮助成百上千位领导者实现了积极而持久的行为转变。

胡伯特·乔利
百思买（全球最大家用电器和电子产品零售集团）CEO

在帮助他人提升方面，马歇尔·古德史密斯是世界上首屈一指的专家。在这本新书中，他提供了一系列实用的、久经考验的观点，帮助我们这些想要改变的人，成为最好的自己，成为理想中的自己。

路易斯·卡特
最佳实践学会总裁兼 CEO

坦白说，我真的很喜欢马歇尔在培训时采用的那种坦诚、直接、积极而有效的方法——他是最棒的。

弗雷德·林奇
美森耐国际集团（全球最大的商业和住宅用门制造商之一）CEO

马歇尔·古德史密斯再一次证明，为什么他不仅是全球前十的商业思想家，更是全球前十的综合思想家。

约翰·哈姆格伦
麦克森公司（北美最大的医药批发商）CEO
《哈佛商业评论》全球百大“杰出 CEO”之一

我们一直致力于培养强大的领导者，这么多年来，我们很大程度上依赖于马歇尔对领导力的洞察。无论一个人在工作和生活中扮演怎样的角色，都能实现自己的远大梦想。

目 录

绪 言

想认识因改变而获得幸福的你吗?

在现代社会高速发展的浪潮下，我们的素质水平被时代要求着不断提高，“继续改变，不断完善，越来越好”等口号充斥着人们的生活。无论是在健身机构、个人励志类书籍，还是在综艺娱乐节目里，甚至是在牙膏广告上，我们都能看到这类激励性口号的踪影。

你是否想过把这些无处不在的口号统统屏蔽？毕竟，谁能真正接受所有饱含激情的“警世名言”呢？但我们又不可能对此置之不理。因为我们明白，只要方法得当，我们真的能让自己变得更好。然而，很多人数年来都在尝试改变，却毫无效果，于是“寻求改变”永远停留在起步阶段。这不禁让我们思考：怎样才能变成自己想成为，也有能力成为的人？

我们常常会说：“等我变得如何如何，我就会幸福！”例如：“等我赚到钱了，我就会幸福。”“等我有了一定的地位，我就会幸福。”“等我买了宝马轿车，我就会幸福。”“等我遇到了真爱，我就会幸福。”还有一种不合主流价值观的说法也颇受欢迎："世界上有许多人不快乐，是因为他们不懂得金钱流出手中的快感，而当购物欲被满足他们就幸福了！”

这些话就像毫无营养的垃圾广告。你听过多少？见过多少？经受了多少次它们的狂轰滥炸？人们喜欢走捷径却又怠于思考，正因如此，我们才会像被电脑编了程一样，反反复复将这类说辞套用在自己的人生上。

真正经历过改变的人都知道，做的总比说的难。是的，改变很难，但并非不可实现，这就是本书想向各位读者传达的核心观点。打开本书，你将踏上思考人生目标的奇幻之旅——为什么选择这些目标？如何实现目标？更重要的是，随着时间的推移，如何调整目标以适应你在人生各阶段的发展方向？

有人认为，改变是一劳永逸的，我们无须不断地改变。这真是天大的谬论！希腊哲学家赫拉克利特（Heraclitus）说过："人不能两次踏进同一条河流。”也就是说，只要实现了一个目标，下一个目标就会自然而然地出现在我们面前。这点在如今革新不断、充满未知的时代中显得尤其正确。如今，不管是商业、科技还是其他任何领域，都在以空前的速度迅速改变。在这种情况下，保持良好的品性和潜在的自我价值感就显得格外重要。在这两者的护航下，我们将不再随波逐流，迷失方向。为什么我们最终没能成为自己想要的样子？亲爱的读者，请把本书看作一张地图，它将带领你重新认识自己。

在开启阅读之旅前，请容两位作者做一下自我介绍。

艾伦·韦斯（Alan Weiss）：我主修人类行为与发展专业。我创立的顶尖咨询集团（Summit Consulting Group, Inc.）15 年来吸引了来自 500 多家全球顶尖公司的客户。现在，我的公司已成为世界上最有名的独立顾问品牌之一，慕名而来的客户包括默克、惠普、通用电气、奔驰、日本丰田、美国道富银行、时代镜报集团、美联储、纽约时报公司等。给他们提供咨询服务，让他们意识到事业前进路上忽视的问题，提供能让他们把握住机遇的建议等，这些都令我觉得意义非凡！

我写过 50 本书，其中有些书被翻译成 12 种语言，多次印刷出版并销往世界各地，包括畅销了 25 年的《成为百万美元咨询师》（*Million Dollar Consulting*）。我是有史以来唯一一位获得美国新闻学会（American Press Institute）“终身成就奖”的非新闻工作者；同时也是美国专业讲师协会名人堂（National Speakers Association Hall of Fame）和管理咨询研究所（Institute of Management Consultants）的成员。此外，《纽约时报》称我是“美国最具独立性的顾问之一”。

马歇尔·古德史密斯（Marshall Goldsmith）：我是

一名人生教练和商业教育家，经常在全球各地宣讲、授课和指导，主要帮助领导者从个人发展、员工培养和团队管理方面实现正向积极、稳定的行为改变。除了向5名重要的CEO及其管理团队提供咨询服务，我还参与撰写了42本书，包括《习惯力》(*What Got You Here Won't Get You There*)《精进力》(*Mojo*)等作品，总发行量达200多万册，被翻译成32种语言，畅销全球。

这些作品让我推崇的理念得到了传播，也帮助了那些急需新的活力改变事业与生活的人，这让我觉得很幸运！出乎意料的是，我被授予了美国管理研究院终身成就奖、美国国际人力资源学院院士奖。一些殊荣也让我倍感荣耀，并体会到目前所做工作的意义：《华尔街日报》称我为“顶级高管教练”,《商业周刊》称我为“领导力研究发展史上最具影响力的研究者之一”，同时，美国管理协会将我评为“过去80年来在管理领域最有影响力的50位顶尖思想家之一”。

本书以艾伦的视角为主，不过，读者可从书中阐述的方法和逸事中了解马歇尔的观点。两位作者的生活背景虽不同,却能相互补充。艾伦在向企业和个人提供商业建议方面是世界权威；而马歇尔在大型组织领导者行为培训方面是顶级专家。本书集合了两人丰富的人生经验，能帮助你们做出积极、长久的改变，成为想要的自己。

当然，世界上没有观点完全一致的两个人，艾伦和马歇尔也不例外，但他们都相信，每个人都有能力做出改变，这毋庸置疑且不可动摇。改变之路蜿蜒曲折，即使是能力出众的领导者也难免磕磕绊绊，可他们仍心怀希望，相信改变必定会发生。让我们现在就踏上改变之路吧！

第1章

活出
没有“剧本”的人生

走上未曾设想过的道路

人类生来便认为自己是独立且真实的个体，能主宰自己的命运。然而，这是一个难以实现的目标，因为主宰命运并不轻松。外界的刺激、旁人的期待都会让我们不小心掉进他人为我们设定的角色与生活模式之中。

别人为我们选好角色，并希望我们能将它演绎得尽善尽美，而这类无法拒绝的要求已成为生活常态。这种现象在很多专业演员的身上体现得淋漓尽致：有的演员就像变色龙，可以在不同的角色间自如转换；有的演员却认为角色即自己，并要求自己平时的一言一行都应与角色一致，比如马龙·白兰度（Marlon Brando），即使不在拍摄期间，他也依然保持角色的样子。

威廉·夏特纳（William Shatner）也是如此，即便没待在进取号星舰（Starship Enterprise）上，他也时刻一副《星际迷航》（*Star Trek*）中詹姆斯·柯克（James Kirk）舰长的样子。

美国曾有一支非常知名的广告，在这支广告里，一名身穿白大褂的演员正在分发健康资讯，他说了一句台词："尽管我在电视上扮演一名医生，但我并不是医生。”这句台词至今仍让人们津津乐道，因为演员在这之前恰到好处的角色演绎，成功地让观众相信：他就是一名真正的医生。

很多时候，我们会认为别人期待的自己才应该是真实的，然后一门心思活成那样。殊不知，这样做可能会对我们造成伤害。

多年来，人们一直认为我应该成为一名律师，我的老师和同学也都觉得我能言善辩，有当律师的天赋。在罗格斯大学，我就读的政治学专业是法学院的预备专业。后来，我在法学院入学考试中取得了优异的成绩，并获得了罗格斯大学法学院的全额奖学金。

之后，问题来了。就在获得奖学金的那年夏天，我突然发现自己并不想成为一名律师。我从没想过做刑事律师或者检察官，也没想过要解决房产纠纷，打离婚官司，或者在一家企业的法律部门工作。这些工作内容高尚、美好，却都不是我心中所想。我的梦想和法律无关。

一开始，大家都不认可我的想法。我的父母一生清贫，认为律师是一份高尚且高薪的职业，我的老师们也希望我能从事这一行。不顾家人和朋友的反对，我毅然走进罗格斯大学招生办公室，告诉招生办主任我愿意将入学名额和奖学金一同让给别人。听到这番话，招生办主任一把抓住我的手腕，告诉我一定要慎重考虑！好在我当时顶住了压力，如今才有了热爱的工作。

很多人在长大后选择追随父母的脚步做同样的工作，即使他们并不热爱这份工作。我有一个朋友将他的父亲作为职业榜样，成为了一名牙医。他的父亲认为这是一个不错的选择，牙医不像内科医生那样整日忙碌，并且工作轻松、薪资优渥。与其他工作相比，这份工作确实不错，可我的朋友并不这么认为。事实上，他后来发现自己并不喜欢日复一日地把高速运转的钻头放在患者的牙齿上，因为距离钻头仅 1/8 英尺（约 3.81 厘米）就是柔软的舌头。

可他的“发现”为时已晚，如今，他的私立学校学费、教育贷款及维持中产体面的花销都要仰仗这份薪资。更何况，他已是有家室的中年人，换工作会让他付出很大的代价。

当然，这种现象不仅仅存在于牙医行业，它普遍存在于各行各业，人们在来时认为那是康庄大道，走时却发现它崎岖狭窄。

这种情况也常出现在兄弟姐妹之间。孩子很容易受到亲戚的影响，要么会和堂兄参加同样的体育活动，要么会和表姐一起加入啦啦队或乐队，甚至会选择同一种乐器，要不然就是做完全不同的事。一般情况下，这些被模仿的兄弟姐妹都是大家眼里的榜样，是家长眼中的好孩子，也是同辈效仿的标杆或嗤之以鼻的对象。

即便我们最终会失望透顶，但为了得到认可，我们仍会奋不顾身地成为他人所期待的样子。我们都不曾亲身体验过，也未曾独立思考过：初心是什么？我们究竟想成为怎样的人？

有一次，我为一所大型金融机构的前副主席进行培训。这位副主席乐于助人，希望自己退休后能成为一名顾问，为他人提供咨询服务。他是位气宇轩昂的领导者，每每谈及自己今后可能成为其他领导者的顾问时，他眼里都闪烁着光芒。

后来，我试探性地问道，现在一家公司的副主席职位有空缺，他是否感兴趣。他立刻表现出了对该职位的好奇，这让我有点惊讶。他向我打听了该职位的具体事务和薪资情况，以及该公司的规模。

待我提醒他，他此前有一个想成为顾问的愿望后，他才恍然大悟，立即改变了思路。他说这些年来自己过于关注金钱和地位，但他已经赚了很多钱，后半生只想过自己最想拥有的生活。

有的工作看起来能让你名利双收，可实际上它与你的雄心壮志相比微不足道。比如，在很多人眼里，大学校长是非常体面的工作，因此，有些即将退休的公司主管或海军上将一收到这类职位的面试邀请函就心花怒放。

他们认为这类工作能让自己成为学院的招牌，动动嘴皮子就能激励年轻一代。实际上，大学校长不仅要与众多教职工打交道，还要解决学生的需求，甚至要考虑如何达到严格的融资目标等问题。若你今天因头衔与名望而任职，日后必将感到失望与被欺骗。

但如果一个人内心怀揣着改善高等教育质量的抱负，那么他在当上校长后，一定会感到充实，且前景无限。

是世界改变了我们，还是我们创造了世界？

现在，我们来谈谈人生的蜕变旅程。

这是一场没有终点的旅行，因为人生就是在不断的改变中蜕变（我们会在第 3 章对蜕变和改变进行探讨）。

> 记住，你的人生目标并不是由他人或外界因素，如 Facebook（脸书）所决定的，而是会随着你的经历、成功和观点的改变而变化。你看过的风景越多，目标就会越高。

首先，我们需要弄清楚的问题是：人生旅程会在何时变成内部控制？又在何时会变为外部控制？社会规范性压力是否对你的人生道路起到了合理的作用？图 1.1 将对这些问题进行解释。

我们会用到以下定义：

> 内部控制：执行者相信在自己的能力范围之内有能力实现目标。
>
> 外部控制：执行者受他人或随机事件影响的程度。

当内部控制和外部控制值都很低的时候（图 1.1 第Ⅲ象限），我们处于“随机游走状态”[①]。这让我想起一则故事：有一个醉汉在酒吧闹事，酒保打算把他赶出酒吧，结果醉汉说：“我没有走进酒吧！你为什么要我走？”

很多人从早到晚都只是忙着完成一件件递到手边的事，甚少思考自己能为世界做出什么贡献。一旦出现外力撤走的情况（如天气恶劣，工作计划临时变动甚至团队领导者意外去世等），他们就不敢主动采取行动应对，因为他们习惯了随波逐流，遇事便不知所措，更别说提出有效的解决方法。

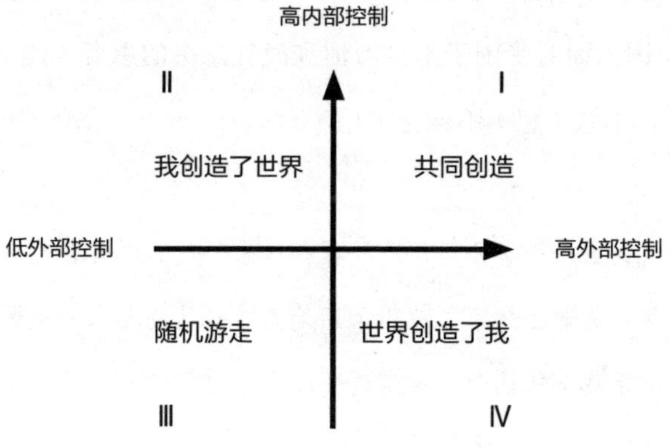

图 1.1　内部控制和外部控制关系图

但有准备的人绝对不会手足无措，因为这类人知道自己的计划终于可以派上用场，慌乱时刻正是给有准备的人提供的大展身手的机会。

①也称“无秩序状态”：完全混乱和不确定的状态。——译者注

当内部控制高而外部控制低时（图 1.1 第Ⅱ象限），人们会相信“我创造了世界”。处于这一极端状态的人盲目相信自己的能力，变得自恋和专横，即在外人眼中他们刚愎自用或者“打肿脸充胖子”。各类激励型演讲者大多处于这种状态，他们要么善于喊口号，告诉听众自己是最棒的；要么反复讲述自己如何克服了不可思议的（或虚构的）困难，妄图让自己成为听众的榜样。

有一个关于只相信内部控制的例子特别有趣，同时也体现了思维角度单一的弱点。鲍勃·纽哈特（Bob Newhart）是位心理学家，他有一个特点：他对每个咨询时间不超过 5 分钟的病人每分钟只收 1 美元。因为面对受困于不良习惯和疯狂念头的患者，他一贯的建议是：“你不做（想）不就行了！”

我曾在一家公司任总经理。这家公司的所有者是一名保险巨头兼金融家，他乐于四处宣传自己的理念——保持积极乐观。他认为，正是这一理念让自己走向成功，并坐拥 4.5 亿美元的财富。

不过，我认为这位富豪可能弄错了因果关系：他之所以如此积极乐观，是因为他在保险行业中赚到了 4.5 亿美元，而不是积极乐观使他坐拥巨额财富。我笑称，如果他真想每个人都有乐观的心态，那就给每个人发 4.5 亿美元好了。

这话传到他耳里后，我就被炒鱿鱼了，不过我从中学到了一点：虽然好心态不能让我变得富有，但至少能让我保住工作。

如今不乏这样一种演说家：他们致力于让人们相信，每个人都可以掌控自己的人生。要知道，这些高薪演说家比他们的客户要富裕得多。如果我们真的可以完全掌控自己的人生，那么就没有人会生病甚至死亡了。

追求积极的人生是人的本能。我们相信，激励他人去掌控自身的命运是件高尚的事。我们还相信，人们可以在可控与不可控之间找到平衡。

图 1.1 第Ⅳ象限指高外部控制和低内部控制状态。处于这种状态的人持有一种达尔文主义式的宿命论，相信世界创造了他们并指引着他们前行。现代心理学家和行为学家 B.F. 斯金纳（B. F. Skinner）就是这种状态的推崇者。他认为，人类行为可以被控制和预测，并提倡通过“编程式”学习及相应的教育实践来完成每一个既定目标。斯金纳相信，外部刺激比内部控制更有效。

虽然斯金纳的观念确实能为人类行为研究带来一些启示，但想完美解释人类行为，这还远远不够。环境的影响不容忽视，人类之间的相互影响也不容小觑。

我曾在多年前听到一句话：“我们不但驯化动物，还训练人类。”世界大战的爆发带动了培训行业的发展，虽然我们能教给人们完成程式化任务的方法，却无法通过“教”让他们变得热情、积极并且精力充沛。因为这些品质来自于人的内心，而非外部环境。

有一类人相信自己的人生被他人掌控，也由他人负责。这类人无疑是人生的妥协者并善于扮演被害者的角色，在时运不济时只会怨天尤人。他们从不会对生活主动出击，尝试改变自己的命运。就拿旷工来说，人们对未来的迷茫和无力感使得他们背负了巨大的压力，从而导致工作上的旷工，而员工旷工会造成很大的经济损失，不过若有幸按照规划，始终行走在开阔平坦的康庄大道上，相信“世界创造了我”的人也能幸福圆满地过完一生。

图 1.1 第 I 象限为共同创造，该状态下的内部控制和外部控制值都很高，这也是本书的理论系统。我们认为，每个人都能主动改变自己的人生，完全可以创造美好生活，但我们不是神，没有神通广大的本领。在我们主动创造自己的美好生活时，环境对最终结果起着至关重要的作用。比如，一个健康的人在路上走着，却突然被醉驾的司机撞倒，肇事司机逃逸了，难不成受害者要从这起事故中找自身的原因吗？ 你如果不清楚自己在特定情况下对事情的掌控程度，就很容易立下错误的志向，抱有不合理的期望，稍不留神就会陷入极端——要么认为自己无所不能，要么认为自己一无是处。比如，有的父母会告诉孩子，我们生而强大，能够战胜任何挑战；而有的父母会说，我们生而弱小，无法应对任何困难。

如果你只是个孩子，盲目相信父母的话还情有可原；如果你已经成年，且仍将父母的话奉为信条，我们将替你感到遗憾；如果你已至中年，却仍对父母言听计从，这终将害你一生。

当我们越来越成功，外部控制和内部控制的比值会同时增长，我们内心的志向也会随之变得更远大，越加坚定。

真正的英雄，是在现实中造梦的人

首先，请你对自己的人生准则进行一次小测试。

1. 谁是你心目中的英雄？这个人可以来自你的真实生活，例如父母或者老师，也可以是在新闻中出现的某个人，比如萨利·萨伦伯格（Sully Sullenberger）机长[①]。

____

2. 请写下这位英雄吸引你的品质。可能这个人身上并不都是闪光点，但请至少写出三点。

（1）______________________________

（2）______________________________

（3）______________________________

3. 现在，请返回第一条，划掉这位英雄的名字，写下自己的名字。

4. 请在第二条的三种品质内选择哪些是自己已经具备的品质，哪些是还需培养的。

①电影《萨利机长》（*Sully*）的主角原型。他曾在飞机发动机失灵的情况下，成功将飞机迫降。——译者注

（1）已具有：________________________________

待培养：________________________________

（2）已具有：________________________________

待培养：________________________________

（3）已具有：________________________________

待培养：________________________________

（4）已具有：________________________________

待培养：________________________________

我们可以通过培养这些品质，成为自己曾经敬仰的英雄。不过，我们也得同时适应自己所创造的环境，并明白环境也可以反过来影响我们。丘吉尔曾就重建下议院的问题曾说："我们构造建筑物，建筑物也会反过来重建我们。"我们如同刚释放的囚犯，由于长时间脱离社会，只有在过渡教习所接受教育，才能重新融入社会。在过渡教习所里，我们需要不断塑造自我、理解社会，再塑造自我、再理解社会，最后才能改变自我、摒弃缺点；继而再塑造、再理解。这是一个循环往复的过程。

这份测试由马歇尔的挚友——艾瑟·波塞尔（Ayse Birsel）设计而成。它改变了我的人生。经过测试我发现自己心目中的英雄都是老师，他们中一些人还是杰出的领导者，如美国女童子军前领袖、总统自由勋章获得者弗朗西斯·赫塞尔本（Frances Hesselbein），福特前 CEO、美国 2011 年度 CEO 艾伦·穆拉利（Alan Mulally），以及管理学大师彼得·德鲁克（Peter Drucker）和领导力大师沃伦·本尼斯（Warren Bennis）等优秀教授。这些英雄的共同点是：他们不仅是杰出的教练和老师，而且非常慷慨，在他人需要帮助时会毫不吝啬地付出。在我最黯淡无光的日子里，他们给予了我无私的关爱和帮助。

我坚信自己会和他们一样，成为一名无私的老师兼教练，甚至相信自己能做得更好。于是，我召集 15 名教练，并将自己的毕生所学免费教授给他们，希望日后他们能将我的理念传播出去，帮助更多的人。对我而言，这便是他们交给我最好的学费。我将自己的想法做成一个短片发布在了领英①上。很快，短片被大量转发，点击率超过了 10 万。最后，我发出的 15 个名额竟吸引来了 12 000 多名竞争者！于是我扩充名额，顺利招募到了 100 名教练。如今，这份工作已成为我生活的一部分，它让我感到非常幸运，因为它正是我所热爱的工作。

总以为生活与梦想在别处

百老汇舞台剧《我，堂·吉诃德》（*Man of La Mancha*）有一幕著名的场景：扮演堂·吉诃德（Don Quixote）的演员走向舞台中央演唱《不可能的梦想》（*The Impossible Dream*）——一首赞美主角与风车殊死搏斗的英雄主义之歌。我十分欣赏歌词所传达的信仰：

①全球最大职业社交网站，是一家面向商业客户的社交网络。——译者注

去与不可战胜的敌人搏斗；

去经历更多的人间炼狱；

去开拓更多勇者不敢踏入的蛮荒之地；

去摘最遥不可及的星。

恢宏大气的音乐虽然能让听众备受震撼，但这只是一场戏剧，在现实生活中，大多数人无法实现如此雄心壮志。和励志型演讲一样，百老汇音乐也非常振奋人心，你会被眼前炫目的舞台效果感染，沉浸在角色的精彩人生。当然，只要能激励你追逐更美好、更幸福、更充实的生活，不管是花一晚上欣赏音乐剧，还是花一两天听励志型演讲都不失为有效的方法。有的人聪明且善良，他们进行这类演讲只为造福他人。但是，这往往造成一个问题：听众倾向于从他人的励志经历中寻求生活的答案。因此，这类演讲尽管有益，但也存在局限性。我们终究还是要依靠自己才能从根本上改善问题，从而变得更优秀。

西班牙作家塞万提斯（Cervantes）创造了堂·吉诃德——他被强烈的信念驱使，认为自己无所不能。生活中，那些坚信“我能做到”的人往往会成为成功者。当然，其中不乏刻意为之者，他们不断说服自己：只要有积极的心态就不用努力了。在此，我想举一个好心态与努力兼备的例子。“挑战者号”[①]即将爆炸的最后一刻，美国

① 1986 年 1 月 28 日，美国“挑战者号”航天飞机发射升空后，因其一侧助推器的 O 形密封环失效，导致其解体，机上 7 名宇航员全部罹难。——译者注

国家航空航天局的科学家们并没有放弃拯救它，而是相信“我们一定能做到”！毕竟，他们相信自己多年的训练经验、深厚的学术造诣，足够拯救这架航天飞机（据说，在这之前只要某一小组控制住了一枚 O 形密封环，事故就能被阻止）。现在看来，这也算是一场励志演讲不可多得的素材。

惊悚片都有一个特点：总有一台不断逼近主角的“电锯”。尽管主角总会鬼使神差地活下来，但过程仍让观众提心吊胆。如今，社交媒体日新月异，我们享受着它们带来的便利，同时也焦虑不安，因为我们不停追逐却仍难以跟上世界的变化。慢慢地，我们的注意力广度①越来越窄，最后患上了注意力缺失症。

那么，上面的例子与我们的志向和目标有什么联系呢？

信息社会犹如一个巨大的转盘，这个转盘的离心力太强，稍不留神便会将人无情甩出。换句话说，我们如果无法跟上变化就会与社会脱节。因此，我们必须用尽全力附着在转盘上，每分每秒都紧跟社会热点（你是否注意过那些主页关注了数十万人的社交媒体用户？试着每天关注 25 人并浏览他们的账号内容，然后在其他社交平台上也照做。那么恭喜你，靠这点你就拥有了一份“全职工作”）。

在信息快速更迭的时代，媒介传播的齿轮从未停歇。在这种情况下，信息往往真假难辨。人们稍不留意，就会变成不经思考就对新信息全盘接受。对于这种现象，行为经济学家、诺贝尔经济学奖获奖者丹尼尔·卡尼曼（Daniel Kahneman）总结为：“眼见即事实。”

①一个人能够集中注意力在某件事情上的时间。——译者注

这种现象的奇异之处在于：你接收到的信息越多，面对的信息就越多。如今，社交平台上未经核实的“案例”“证言”和“主张”铺天盖地。人们从电视节目、信息广告宣传的书籍和视频中得知，普通人也能通过炒房或销售清洁剂一夜暴富；于是很多人开始通过社交媒体扩散各种广告。

金字塔骗局和庞氏骗局哄骗人们相信，只要成为某种产品的代理人，财富就会滚滚而来。而实际上，这些骗局的头目及广告商才是真正的受益者。伯纳德·麦道夫（Bernie Madoff）就是这类臭名昭著的庞氏骗局的幕后操纵者，数年来，巧舌如簧的麦道夫让许多资深的投资公司和政府监管部门相信，尽管目前市场低迷，但不久的将来他们一定会收到丰厚的回报。就在这种心理下，成千上万人的职业生涯均在这场骗局里葬送了。

由此，在多数情况下，一个人心中的志向和目标可能很难如愿实现。太过嘈杂和浮躁的外界环境，会左右甚至毁了我们的梦想。不然大家为什么都喜欢看有着“完美”剧本的无聊真人秀？

其实，我们已失掉了自己的判断。

我知道，你一直想重新开始

约吉·贝拉[①]（Yogi Berra）说：“当你遇到难得的机遇时，请抓

①前纽约扬基队传奇巨星，他曾3度获选职棒大联盟最有价值球员，帮助扬基队赢得了10次世界大赛冠军。——译者注

住它。”但客观来说，这似乎很难做到。如果把人生比作一条路，那么这条路上必定充满了意想不到的转折点，你可能会碰上千载难逢的机会，也可能碰到苦不堪言的坎坷。虽然在曲折的小路和小巷中迷路是一件浪漫的事，但若在人生之路上迷失，便会失去自我。其结果会是：我们做着一份不太理想的工作，住着一间不太舒服的房子，遇到一个不太合适的人，最后选择将就着过完一辈子。

但是大多数人其实从没有放弃重新开始的念头。选择重新开始就是我们在审视这些走过的人生弯路，到底是什么让自己渐渐忽略了内心的声音？

家庭

家人是我们人生中最初的老师，是我们实现目标的坚强后盾，对我们的人生有重要的影响。但是家人的话并非全都可取，即便他们真心为我们着想并愿意尽最大的努力给予帮助。

大多数时候，家人在我们是否接受教育，以及选择哪所大学等人生问题上都有着举足轻重的话语权。而我们会根据人生经验接受或者拒绝家人提前为我们规划的合适的人生之路。很多人会选择接手家族企业或重走父母的职业生涯。当然，也同样有很多人是独闯天地。

家庭对人的影响还表现在：

◎ 婚姻忠诚度、离婚概率和关系稳定性；

◎ 对毒品和酒精的看法；

◎ 偏见、歧视和道德观；

◎ 奉献精神和对公正公平的认识；

◎ 对他人的期望值。

社会对我们也有类似的影响。社会准则会让我们关注教育、权威及行为责任。比如，同伴的行为会对我们产生影响。这种行为若涉及毒品和酒精，就可能对我们产生负面影响；而同伴取得学术成就或乐于助人，就会对我们产生正面影响。

媒体

社交媒体蕴含着无限的机会，它可以在社会中掀起一个又一个热潮，即使个人不借助他人的力量，也能大有作为。与此同时，社交媒体也给社会带来了巨大的挑战。曾经，我们认为电视是一种隐患，但与社交媒体相比，电视的影响微不足道。

当“口袋怪物”（Pokemon Go）这款游戏风靡全球时，世界各地的城市交通均受到了严重影响。究其原因，是因为大家沉迷于游戏而没有看路。社交媒体上充斥着的各种新闻、八卦、视频等混淆视听的信息，严重干扰了我们的判断力。

要么选择相信，要么选择忽视。我们好像遇上龙卷风，在风中不断旋转、向上，被动接受着朝我们胡乱砸来的各种杂物。在这种情况下，想弄清方向已非常困难，更别提从中选择一个方向了。

除此之外，我们的生活还被各种各样的电子产品所侵占。科技虽然便利了我们的工作和生活，但也占据了我们大量时间。随着时代的发展，人们的工作不再是朝九晚五，加班已是家常便饭。于是，在生活节奏不断加快和科技高速发展的情况下，一家人坐在一起简简单单吃饭聊天已成为一种奢侈，因为手机等电子产品的提示音总会打断我们。

影视作品对我们的意识有着重要影响。电视的问世让一大批孩子萌生了成为宇航员、牛仔或演员的梦想，这些梦想的职业大多来自于他们最喜欢的电视节目。今天，电视上播放着各种告诉人们如何在职业生涯中取得成功的节目，那些职业大多是厨师、时尚设计师、炒房人、模特和歌星等。

社会告诉我们：只要有勇气和梦想，成功一定会来临（这是内部控制学科的第一课）。“只要克服困难，就一定会成功”早已成为每个人都耳熟能详的话，以至于我们相信自己真的无所不能。即便通往梦想的道路有时过于崎岖坎坷，我们也因此伤痕累累，却仍然奋不顾身向前冲。

在洛杉矶任意一家餐馆里都会有许多服务员认为目前的工作是暂时的，只要出现重大转机，他们一定会声名显赫。当然，这其中不乏自我认知合理者，只是比例稍低。所以给小费的时候不要太小气，说不定今天为你端上果盘的服务生，明天就能成为下一个影坛巨星。生活在被媒介文化充斥的时代，我们该如何确立最适合自己的目标？要知道，现在能静下心来思考人生的时间少之又少。

宗教

虽然宗教是美国文化的重要组成部分，但根据皮尤研究中心（Pew Research Center）对35 000名美国成年人的调查，美国公民的宗教参与度正在下降。天主教作为美国最大的教派，其娈童丑闻将上百名神职人员赶出教会，教会名誉也因此严重受损。通过初步的观察，丑闻牵涉到的教会人员大都将近60岁。由此可见，教会已经不再是文化的基石。

商业

如今，商业领域有很多“英雄”值得我们效仿，但商业圈的瞬息万变，所谓的成功人士不断涌现，让人眼花缭乱。不仅如此，商业圈还有着数不胜数的丑闻，比如安然公司财务造假和大众公司的“排放门”[①]。

类似的丑闻在无形中对建立商业行为、职业、精神的准则与指导方针产生了负面影响。我们已数不清有多少次在报纸、电视上看到那些曾经风光无限的企业家被扣上手铐押进警车的场景，他们恰如其分地诠释了“人人为己”的人生哲学。不过，还有多少人携款潜逃，过上了潇洒的生活？

政府

政治中也充满了变幻莫测的因素。正当人们自以为了解政府的

① 2015年9月18日，大众汽车被指控所售部分柴油车安装了专门应对尾气排放检测的软件，使污染物排放量超标的汽车能以“高环保标准”过关。——译者注

运作模式时，一场选举或者丑闻将再次颠覆所有人的认知。单纯相信政府和权威的日子已一去不返，若你问我从这几届的选举剧变中学到了什么，我会告诉你：不可预测性是新常态。

上述主要组织和领域——家庭、媒体、宗教、商业和政府都具有不稳定性。虽然有些改变会带来好结果，但不稳定性使得我们难以成功设定具体的方向和准则。若没有重要组织机构的指引，我们将何去何从？或许答案就在你我之间。

第2章

走出舒适区，
不再平庸更自由

主动寻找优秀的“同类”

朋友会对我们产生潜移默化的影响。

有朋友是一件美好的事情。一想到自童年时期就陪伴在身边的发小，我便觉得幸运无比。也许，正是有了朋友的帮助，我们才能拥有一份满意的工作，过上幸福的生活。

成年后，我们会不断遇见新朋友，他们也会在人生道路上给予我们指引和鼓励。所以，我们将在本章着重探讨朋友在人生各阶段的重要性，其中还会涉及人际关系给个人带来伤害的情况。对此，我们会给出实用的建议。

忠诚和同情心是人类与生俱来的优秀品质，因此处于一段关系的人们很少抱怨。但在某类关系中，及时止损往往才是对关系双方最好的选择。

举一个简单的例子：尽管美国政府在过去十年中为了减轻国民体重，投入了十亿美元用于膳食补充、药物干预，购买健身器材、制作宣传视频、采购相关书籍和搭建休养所，但美国人的平均体重仍在逐年上升。于是我们越发赞赏那些自律的人，并想方设法减肥，常常为自己减掉区区几斤肉而沾沾自喜。

或许我们要从另一个角度来看待体重：我们是胖还是瘦，在很大程度上受到朋友的影响。如今，人们的理想体重较以往有了明显的提高，并渐渐与真实的平均体重持平。人们之所以开始接受较重的体重，是因为现在有越来越多的人比过去胖得多。

研究显示，当你去餐厅吃饭时，如果为你点单的服务员很胖，那么你点的食物就会比平时多，尤其是甜点。专家表示，点餐者若看到服务员很胖，就会认为自己有了吃撑的特权。不管你正在进行减肥训练还是节食，都很难对抗这种大众准则。试想，如果你我都穿着 XXXXXXXXXL 码的衣服，坐飞机都需要加长安全带，那没人会感到自己奇怪或羞耻，因为大家都是同类。

再举个例子：有一位女性曾经一直穿 14 码的衣服，现在居然能穿下 10 码的衣服了，而这件衣服的最小尺码居然是 0 码！简直太夸张了！这时，人们会选择自我安慰：我并不算重。

有前科的人们基本都会走上再犯罪的道路；只要重新嗑了一回药，某个人就一定会再次染上毒瘾。瘾君子或酒鬼一旦重新回到充斥着毒品和酒精的圈子里，就会重蹈覆辙，因为要拒绝与你的同伴做一样的事并不容易。这就是酗酒者匿名团体（Alcoholics Anonymous，AA）长期坚持召集同伴聚会，以相互帮助的原因。他们相互帮助、监督，如今大多成员已不再酗酒，重新开始了新生活。

永远不要指望他人会改变你的习惯，因为本性难移，尤其是当你周围有一群兴趣相投的伙伴时。显然大家都默认：我们愿意和同类人为伍。《纽约客》(*New Yorker*)曾登出一幅漫画——一位雇主正在进行面试，雇主与面试者面对面坐着，二人长得非常相似，雇主说："这种感觉很奇妙，具体是什么我也说不上来，但我非常高兴看到了'自己'。"

说什么"够好了"，是环境不允许你努力

马歇尔在行为改变训练期间，曾无数次目睹社会负面压力的爆发，即所谓的"够好了"圈套：环顾周围，我们常常认为"这样已经很不错了，不需要再努力，因为我有一群兴趣相投的朋友。我们在一起很开心，这样平凡的生活很适合我"。

是的，完美绝无可能，完美的行为更不存在。

有人能谦虚到极致吗？有人会耐心到极致吗？有人是完美的倾听者或完美的代表吗？显然人无完人，但我们仍应竭尽全力变得更优秀。

在我看来，触发"够好了"圈套的条件主要有以下四种：

缺乏动力。如果你打心眼里认为目标没有价值，或者你缺少实现它的能力，那么就不要做。重新寻找在乎的事情，然后满怀热情地完成它。

无偿做公益、志愿者或者所得工资比应得的少。从长远来看，做薪水较低的工作最终会对我们产生不利的

影响，比如，一名餐馆老板常常将剩余的饭菜捐给穷人吃，这样既避免了浪费，又能帮助无家可归的人，何乐而不为？但是，那些支持者和受助人过后只会记得老板给予的不过是剩饭剩菜。

拒绝承认软弱。人往往将自己的优点视为真实的品质，而忽视了缺点的存在，甚至认为缺点无关紧要。等到长大后，他们才真正开始为自己所有或好或坏的行为负责。

本能地叛逆。人们好像都不喜欢听从指令，就算有时对方说的话很有道理。“够好了”其实是我们藐视权威的方式。

当然，我需要申明一下，在一些情况下“够好了”就是真的够好了！毕竟，很多时候追求完美本身意义不大。吃三明治的时候，调料一定得放得分毫不差吗？或者，你一定要在“60 分万岁”的考试中拿最高分吗？

不过，若你在与人交往中以“够好了”为标准，那么这一门槛未免设得太低了。

一个人若不适应环境，其后果会相当严重。我们之所以努力改变自己的行为，是为了改变环境，而不是被环境改变。你一旦开始采取行动，就很可能得到振奋人心的成果，因为其他人也会受到鼓舞并开始改变。

试想，如果一个患有肥胖症的人下定决心开始减肥，拒绝一切诱惑，那会对周围的人产生多大的影响呢？

尽管没有同伴的支持很难减肥成功，但只要有一个人下定决心，其他人就一定会纷纷效仿，事情也会变得简单起来。这正是同伴的正能量开始切实发挥作用的时刻。

别让朋友圈和真人秀困住你

和朋友保持一段长期友情是一件特别美好的事。孩提时的朋友具有一种魔力，他们温柔了岁月，丰富了我们的人生。但只有老朋友还不够，你还需要多交往新朋友。我们的生命只有在加入了新鲜血液后才会不断丰富。因此，新朋友也是我们个人成长过程中无比珍贵的一部分。

你参加过高中或大学的同学聚会吗？这是友谊随年月不断变化的实例。这些朋友会让你找回年轻的自己，那种感觉真的妙不可言。最美好的事情是：从前的老朋友仍能理解现在的你。最坚固的友谊并不是凝固往事的琥珀，它不会冰封时间，而是随着时间的变化更加厚重。

但社会发展得太快，要维持一段友谊实属不易。

此时，社交媒体发挥了作用，它让事情变得简单。以脸书（Facebook）和推特（Twitter）为例，在这两个社交平台上，朋友和粉丝永远不会与我们失联，除非我们取消关注。

但久而久之，我们会陷入一种假象，以为自己与朋友建立了长期稳定的关系。事实上这与真实生活无异，我们在社交媒体上也可以自由交往或者回避他人。如果忘记了这点，这种所谓的友谊将会大打折扣。因为与不合适的旧朋友强行建立联系往往不利于我们形成正确的自我认同感。

社交媒体带来的主要问题还有：我们越来越喜欢对他人的生活指手画脚，比如，网上很多“键盘侠”抨击卡戴珊（Kardashian）家族的作风。

卡戴珊家族的女士们都非常聪明，她们十分清楚大众想要窥探明星隐私的心理，知道人们羡慕且愿意关注自己的生活，因此选择拉近自己与观众的距离，同时蹭话题热度。她们告诉观众：瞧！这是我们的私人王国。但在我看来，卡戴珊家族除了有钱以外并无过人之处。

如果你浏览一下社交软件，便会发现很多“励志的卡戴珊”，一群为了博取关注度或赚钱而不惜曝光自己隐私的网红。他们将自己的隐私毫无保留地公之于众。请注意！不要让这种事占据你全部的生活。

其实只要行为足够出格，吸引眼球甚至打入名人圈都不是难事。不过当你垂暮之年坐在摇椅上回首青春岁月时，还会带着好奇心回想卡戴珊家族的生活吗？

你不会。

到那时，真正刻入你脑海的是自己的真实生活，是那些你用心爱过的人和那些你曾攀登的“山峰”。即使曾经犯过错误，但只要它们曾助你成长，就值得纪念。这些才是生命的意义，而这与他人无关。

“防水门”模型：越往高处走越暴露你的行为问题

作为人生教练和企业顾问的我们常常与成功人士打交道。一般情况下，那些曾帮助成功人士迈向成功的行为及准则到了新阶段后就不再有效。

马歇尔在《习惯力》（*What Got You Here Won't Get You There*）一书中就提到了这种现象，比如，尽管成功的领导者本身就足够优秀，但随着职位不断晋升，他们会发现自己越来越容易成功；而有时胜利对他们而言非常重要，有时却无关紧要甚至完全没必要。他们曾乐于巩固自己的威信，如今却发现威信已成为负担。他们需要做许多无意义的事：任何讨论都需要他们发表观点；他们还要做决策、批评员工、隐瞒信息、宣传自己的理念、虚构头衔等。

当然，每个人都会遇到各种各样的问题，但随着你一步步晋升，就会发现大多数人面临的只是行为问题。毕竟头脑越灵活，为人处世的方式越熟练，处理问题的能力越强的人，才更有可能往高处走。因此，人际交往能力往往决定着一个人事业的成败。

我用防水门（watertight doors）来比喻这样一种现象：你的行为与你从前以及现在的生活状态息息相关（详见图 2.1）。具体解释为：我们爬得越高，所肩负帮助他人改善行为的责任就越大。如果别人不希望我们成功，那我们偏要提升自己的价值，变得更聪明更有声望；如果我们已是成功人士，就要帮助他人激发自身的潜力。

防水门模型的第一阶段是生存。在这一阶段，我们努力养活自己和家人，支付房贷或租金的同时还要存下积蓄。在这种情况下，我们不得不精打细算，对业务来者不拒；我们更是很少请客吃饭，毕竟经济能力有限。

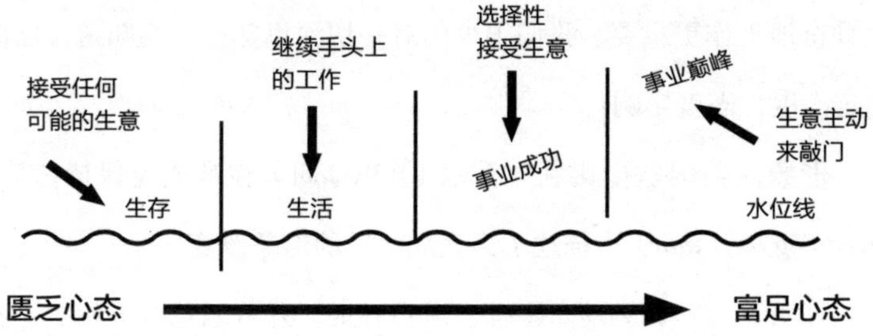

图 2.1 防水门模型

等到生活逐步改善，我们会进入第二阶段：生活。在这一阶段，我们已经在公司扎稳脚跟或自主创业成功，并开始有少量存款。

第三阶段就是事业成功。在这一阶段，我们有了更成功的事业以及更高的社会地位。我们会开始投资、度假、送孩子上私立学校。除了房贷之外，我们只有小额负债。在这种情况下，我们愿意进行一些社交活动。处于这一阶段的人一般是企业高管或成功企业家。

最后，我们会到第四阶段：事业巅峰。在这一阶段，我们能随意支配自己的时间和收入，能做公益，也能继续从事本行业或开始新的追求。这时，我们的世界观处于共同创造阶段（见图 1.1）。

现实中，大部分人都是拿着第三阶段的资本做着第二阶段（甚至第一阶段）的事。那么如何才能封住防水门？如何使自己在向前游的过程中不让前一阶段的水涌入现阶段的水域？也许，我们可以从以下几个方面努力：

信仰。即使我们已处于新阶段，也仍将自己视为局外人。或许我们相信努力工作才能证明对工作的重视，但实际上，聪明地工作比勤奋地工作更重要。我们很少用对一切深思熟虑，要知道，信仰决定态度，态度影响行为。

形象。美国歌星比利 · 乔尔（Billy Joel）在歌曲《保持信仰》（*Keeping the Faith*）中描述了人在成年后的形象改变：

你身着衬衫，脚踏高跟鞋，嘴叼香烟，开着老爸的雪佛兰，不再是以前的傻大个了。可是很多人一生都不愿改变形象，于是在不得不改变时，他们选择缩进自己的“龟壳”中。

期望。改变志向。假如把目标比作一个水桶，当桶已经满了而你仍不满足时，便是将要成功之际。若总是盯着已经装满水的水桶而不采取行动，就是在浪费时间，因此你必须换个更大的水桶。

很多时候，我们不应该只满足于达到某个既定的高度，而应不断前进。其实很多人在每天早上起床时会想：就是这样了。就好像生活只是一张定格的照片而已。

其实生活是一场变化不断的电影，我们的每天都在创造专属自己的生活奇迹。“当下”并不是人生的终点。

我（艾伦）在被一家全球培训公司的旧金山分公司提拔为主管后，在妻子的陪同下，找到一名房产中介，想看看贝尔维蒂宫岛[①]上的房子。我驻足在其中一幢非常大的房子里，看着周围的一切。突然，时间仿佛停止了：房内装饰一览无余，窗外海景一望无际，屋外传来海豹欢快的叫声。

我的父母一生清贫，我更是从未想过有一天自己能买下这样一幢豪华的房子。

“请问需要帮助吗？”中介发现我一动不动地站在房间里，走过来问我。

我说：“没什么，只是当梦想照进现实的时候，有点恍惚。”

消费。人生中总要有那么一段时间要学会理智储蓄，让别人买单，我们也会因此变得更实际。不过在有能力请客的时候，请大方一点。在日常生活中，我们给予的越多，收获的也会越多。待我们步入事业顶峰阶段时，就会更加游刃有余。

成功带来的轻松之处就在于：有能力付出更多，而且要求极少甚至不要求任何回报。我参与过很多慈善活动；马歇尔也经常为有需要的人无偿提供咨询服务，比如我在第 1 章中提到的 100 名教练培训计划。

①位于美国加州最西角，因景色优美、豪宅林立闻名。——译者注

时间分配。一日三省吾身才能最大限度地摒弃旧习惯、坏念头。同时，不沉浸在过去，懂得释怀，才能拥有更广阔的天地。

跳出毒性关系，掌握积极心理暗示

还记得怎么玩平梯吗？我们必须不断用手臂带动身体向前晃，才能抓到前面的杆子。小时候，我总是抓着第一根杆子一动也不敢动，只能看着小伙伴们凭借手臂摆动时产生的惯性，左手换右手，抓着杆子穿过整个平梯。相较之下，我即便抓到指关节发白也不敢松手，而直到手臂青筋突起，我才肯从平梯上跳下来。

玩平梯时，我有种自己悬在高空的错觉，可我与地面的实际距离不足一米。这其中蕴含着一个哲理：要想游向更高层次并紧紧关闭身后的防水门，你就必须学会放手，这样才能抓住新机遇。

> “大部分人认为金钱和时间是一种资源，实则不然。其实是否拥有更多资源并不重要，重要的是对待它们的优先顺序。我们都有时间和金钱，关键差别只不过在于投资方式。重要的是，我们必须根据自己的情况选择投资的优先次序。”

从属关系。我们向来欣赏慷慨的人。他们甘愿服务于某个机构或团体，通过投资自己的时间来帮助他人。在此，我们以公司为例。

公司要想不断改善，就要谨慎选择投资人。

对一家主要为客户培训演说技巧、提升客户影响力的公司而言，有身家雄厚的投资人的加持绝对是锦上添花。然而，总有一天，投资人的影响力会不利于公司发展。

在实际案例中，就有一些投资人选择长期担任自己所投公司的高管或者董事会成员，与其说他们提高了企业的价值，还不如说企业让他们贬值。

因此，我们通常会建议投资人与这类公司的合作时间不要超过两年，或者至少每两年要重新审视自己在公司所处的位置。成为团队中的佼佼者固然是一件好事，但这种状态不会持续太长时间。这一说法可能与公众广泛认可的概念相违背。如果你现在的目标是提升自我价值，那么两年后你最好换个新目标。

自我对话。如今，积极心理学取得了迅速发展，它从其他角度说明自我对话方式对个人行为方式起着暗示作用。在刚开始做生意时，如果他人的反应是负面的，我们会在心里对自己说“我真是一个令人讨厌的商人”或者“我不善于推销”。

在这一阶段，我们会将某个事件一般化，从不分析具体情况，只将一切归咎于性格。等销售技巧纯熟后，我们开始学会将事件具体化，就事论事，并从中吸取教训。

最后我们将会总结每一次的成功原因，再把这些成功一般化为自己的性格（这在教育孩子方面很管用）。例子如下：

事件具体化	事件一般化
我做了一笔很好的买卖	我是一名优秀的销售员
我在这次会议上很有说服力	我学会了合理利用影响力
我很开心能举办这次慈善会	我很慷慨

朋友。我们已在上文提到封闭防水门需要做出的改变，其中就包括朋友。我们与老友亲密无间，也将忠诚作为重要的交友准则。真正的朋友是无论何时何地都值得依靠，可以分享秘密的人；也是可以寻求建议和帮助且无法割舍的人。然而我们也认为应客观评估友情。

通常情况下，人们会认为朋友就应该和我们同甘共苦，但共同见证朋友的不幸对他们来说有什么益处？对我们又有什么好处？

我并不是说对遇到麻烦的朋友置之不理，而是想提醒大家一种关系：毒性关系（toxic relationship），即你与不合适的人相处的时间越长，跳出这段关系的概率就越小。所以在大多数情况下及时止损，不再联系才是正确的选择。

用富足心态拓展成长边界

在改变之路上，我们有时会停下来，走弯路甚至放弃。这或许是因为有人在使绊子，即第 1 章所讨论的外部控制因素，不过在多数情况下，障碍均来自于我们自己的想象和自己给自己设置的陷阱。

这些障碍说多也不多，主要有三类：

第一类障碍是消极的自我暗示。比如“我不能接受这次机会”“风险太大了”“我已经身心疲惫”“我不知道要怎么做”等。

第二类障碍是我们的思维定式。尽管越野滑雪者才需要在既定的轨道上行动，但我们也常常像他们一样陷入惯常思维，为获得社会或家人的认可而成为律师或者入学医学院。

还有一种情况是：在我们前面行动的人速度太慢，除非离开轨道在障碍附近新建一条自己的路，否则我们无法越过。这就需要我们拥有力量、毅力和坚定的目标。

第三类障碍是拖延症。这也是大部分恐惧产生的根源：我先在一家旅馆住下，明天再重新踏上旅程；我先吃饭，再睡一觉，然后再完成任务；我打算先不走这条路，因为听说附近的小径上有很多可爱的小鸟。在我们身边，总有一些人会无缘无故放弃一个又一个目标，或者为自己的放弃寻找五花八门的理由。你是否曾蔑视他们这种懦弱、半途而废和虎头蛇尾的行为？毕竟放弃的理由有千千万万条，根本说不尽不是吗？

想要完成从勉强维生到功成名就的蜕变之旅，“GPS”的引导必不可少。只有这样我们才能确定如何迈出下一步，厘清下一个阶段的工作，才能知道如何封住身后的防水门。可为何我们总是磨磨蹭蹭？因为我们把目光局限在当下，认为现阶段的生活很舒适，日子很美好，并不希望有一个朋友来督促自己进步。

这是一场匮乏心态与富足心态的追逐之旅。这场旅程无关金钱，只关乎信仰和行为。为什么有些人明明生活得顺风顺水，却仍像以前那样拼命？

这不是习惯的力量，而是一种信仰。他们永不满足于现状，并认为一切所得都是暂时的——尽管我今天做得不错，可明天仍是未知数。

一直以来，我（马歇尔）都有不错的人生起点。作为一名人生教练，我有一套特殊的收益机制——客户有提升，我才有收入。“提升”的意思是指我的客户在行为上取得了积极有效的改变。这种改变不由他们自己评估，而是由关键利益相关者评估。评定过程一般历时 18 个月，由 16 名股东担任评委。

很多重要刊物，比如《福布斯》（*Forbes*）和《纽约客》都报道过我的收益机制；也有很多人曾问我是如何想到“结果决定酬劳”这一理念的。

答案是丹尼斯·穆德（Dennis Mudd），一位为我家修过屋顶的工人。我儿时的家位于肯塔基州的一处水电站附近，家里不算富裕，父亲经营着一家小型加油站。当时屋顶年久失修，每逢下雨天就漏得厉害，我们只能忍痛花大价钱重修屋顶，于是父亲雇用了丹尼斯·穆德。为了节省开支，我为穆德先生打工，成了他的小助手。

七八月的肯塔基州骄阳似火，酷热难当。在成为小助手之前，我从未做过如此高强度的体力活。直到现在，穆德先生放置瓦片时小心谨慎的样子仍然能清晰地浮现在我眼前。

当我犯错误的时候，他会十分耐心地告诉我应该怎么去做。慢慢地，我开始能完成好这项工作，态度也从不情愿的接受变成了完成任务后的骄傲。尽管那段时间我总是浑身酸痛，却仍然非常期待能每天与穆德先生一起工作。

修缮好的屋顶在我眼里就是一个完美的艺术品，当穆德先生将工作清单递给父亲时，他说：“你可以慢慢地检查我们的工作。要是这个屋顶符合你的要求，请按此付费；要是不合要求，我分文不收。”在说这些话的时候，穆德先生的表情十分严肃。父亲对修缮过后的屋顶十分满意，向他支付了足额的酬劳。后来穆德先生特意给了我一些酬劳，以示感谢。

穆德先生只根据成果来收取酬劳的事情促使我制定了这套收益机制。我们家与穆德先生一家交好，他家当时的情况和我家一样，并不尽如人意。我原本就对穆德先生心怀敬意，在经过这件事后，他俨然成了我心目中的英雄。

我在那时就下定了决心：“穆德先生虽然清贫，却不卑不亢。我希望长大后能成为和他一样的人。”

尽管现在的工作让我获得了各种荣誉，但我的品格仍不及丹尼斯·穆德先生所拥有的。是他让我知道，要用力过好接下来的每一天，每天照镜子时，都要努力让镜子中的那个人感到骄傲。

如果每位商业领袖或政府领导人都能像丹尼斯·穆德那样，那么世界一定会变得更加美好。试想，若每个人都在为了让自己骄傲努力着，而不是为财务危机烦心，世界将会变成什么样子？这就是富足心态的最好例证。

以下是匮乏心态和富足心态在工作或人际交往中的不同之处：

匮乏心态	富足心态
制造官僚主义	做正确的事
无安全感	自信
“他们和我们”	“我们”
关注任务本身	关注结果
遵守规则	懂得思考
想办法推脱责任	承担风险
眼里只有输/赢	看到双赢

我们可以看到，有匮乏心态的人喜欢设定规则和限制，位于自由和自主权的对立面。殊不知，自主权正是公司运营中的激励因素之一。

做正确的事通常意味着投资更多时间，采取积极的行动并藐视规则，自信的人亦如此。

和图 1.1 相比，图 2.2 从另一方面展示了控制因素的影响力。

图 2.2 的第 I 象限为冒牌者，他们患有冒牌者综合征（又称自我能力否定倾向），一边做着自己擅长的事，一边却不相信自己做的一切；他们每天都提心吊胆，惶惶不可终日。

波林·罗斯·凯兰斯（Pauline Rose Clance）博士多年前曾讨论过这一现象，期间，她采访了企业 CEO、运动员等相信自己终有一天会“闪光”的人。

图 2.2 的第 II 象限为健康人，处于这一象限的人有自我价值感，

即自我感觉非常好，他们执行力强且心态非常健康。

图 2.2 第Ⅲ象限为虚有其表者，处于这一象限的人能力有限但自尊心很强，他们总是在做承诺却很少兑现。第Ⅳ象限是背叛者。

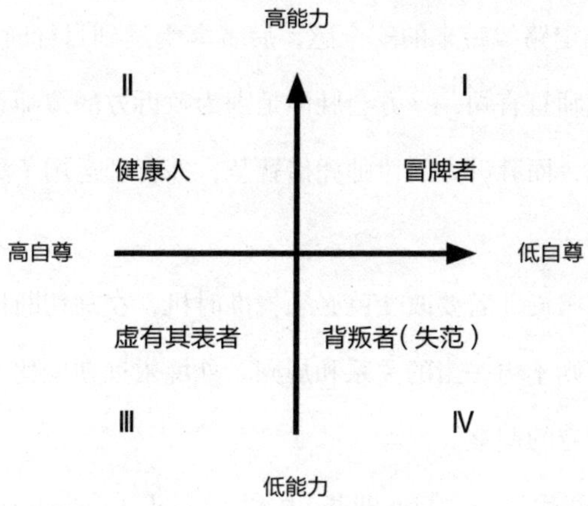

图 2.2 自尊和富足感

现在，我们再回到匮乏心态与富足心态的对比中来。匮乏心态者用“零和思维”看待生活：如果我要赢，你就得输；如果你要赢，我就得输。

但是拥有富足心态的人会认为：对方的胜利让我进步，这不是一件坏事。这种心态促进了双赢价值体系的产生，也就是说，积极乐观带来的回报比我们想象的要更多。

匮乏心态者关心任务本身而不是结果。这种现象在那些接受我训练的顾问中特别常见。他们与客户沟通时本着“六步销售法”的原则，即使结果显而易见也绝不直接下结论。就像你在旅途中明明已看见了目的地，却仍坚持看地图一样。这真的完全没有意义，除非你并不相信自己所见。

匮乏心态者总是遵守规则，而富足心态者会慎重地选择风险。前者喜欢既定路线带来的安全感，后者享受达到目标时的成就感。就像两方律师打官司，一方会胜诉是因为败诉方的律师总是严格遵守法律法规，而胜诉方的律师凭借智慧，并合理运用了法律的灰色地带。

人生路漫漫，若要改变就必须找准时机，立马切断任何看似牢不可破，实则不堪一击的关系和规则。处境永远在变化，我们需对环境做出相应的调整。

现在，我想讲一个与弗朗基·瓦利（Frankie Valli）有关的故事。

> 弗朗基·瓦利是灵魂乐队四季合唱团（Four Season）的主唱，鲍布·高迪欧（Bob Gaudio）担任该乐队的编曲人。在乐队成立初期他们两人签订了协议，同意将表演所得酬劳平均分配，不细究谁的功劳更大。
>
> 后来高迪欧离开乐队成为独立编曲人，乐队成员也换了几批，而瓦利最终选择了单飞。尽管如此，瓦利和高迪欧之前签订的协议仍然有效，从他们二十几岁起一直持续到晚年。
>
> 尽管乐队成员已有了各自的事业，但瓦利和高迪欧仍

是朋友。唯一不同的是，他们无法再像组合时期那样近距离地相互陪伴了。

正是用这份共赢的协议，他们给予了彼此追逐梦想的机会和自由。

第3章

全面调动执行力，来场“变形记”

向自律转变的底层逻辑

只有志向往往不够，在通往成功的路上我们还必须全神贯注、有的放矢。这就是为什么每个人都需要周密的计划和坚定的支持。在某些情况下，我们可能还需要一位教练。他（她）能客观地评估我们的缺点，并提出相应的改进方案。

几十年前，很多公司流行为员工培训，这显然合情合理。公司请人为员工培训并不是因为他们做得不好，恰恰相反，这往往意味着员工是公司的投资对象。但很多人都不愿意听培训师或教练的建议。实际上，如果不是自尊心作祟且坚信教练是专门忽悠和粉饰未来的人，他们很有可能会采纳教练的意见。人们通常愿意承认自己在工作时需要更耐心，但若要他们在父母或丈夫（妻子）面前坦承自己的缺点，则显得异常尴尬和困难。

有时，我们并没有意识到自己需要改变，因为我们否认事实，反复暗示说；需要帮助的是别人而非自己。几年前，一家大型装备公司聘请我（马歇尔）当公司 CEO 和 COO 的教练。该公司计划，让 COO 在几年后接任 CEO 的职位。这名 CEO 对自己的卸任时间算得很清楚，当时他对我说："继任者很不错，不过他还需要再锻炼三年。到那个时候，我就可以让他来管理公司，一切刚刚好。"一听到类似这种预设的决定，我的大脑会立马高速运转起来，开始带着批判性的态度四处寻找相关信息。这次也不例外，直觉告诉我有什么地方不对劲。

后来我向这位 COO 的同事做了详细的访谈，结果证实了我的直觉：所有访谈者都认为，COO 现在完全可以接手 CEO 的工作，问题的症结在那位 CEO 身上。实际上，所有的受访者均表示：CEO 任职的时间太长了，为了公司的发展，他应该离开。这让我十分惊讶。

我们之所以需要得到教练的支持，是因为人在潜意识里容易低估任务的难度，有时甚至连最简单的任务也无法完成。想想那些亟待建设的桥梁、公路和高楼，是否大部分都是在低于（或高于）预算成本的基础上提前（或延迟）竣工？

比如波士顿著名的“大开挖项目”（Big Dig）。这是一项巨型公共工程，旨在改变城市原有的道路，在将其移至地下的同时，新建一条直达机场的公路。

这项工程竣工的时间比原计划晚了 9 年，实际耗资 146 亿美元，超过预算的 400%（原计划耗资 28 亿美元）。若按如今的币值计算，该项目的花销是修建巴拿马运河的 2 倍！

或许你觉得修建机场或航空站之类的工程离我们很遥远，那就瞧瞧地方学校的新课桌或者自家的新厨房。就像吉尔达 · 瑞德尔（Gilda Radner）扮演的罗丝安妮·罗莎娜达娜[1]（Roseanne Roseannadanna）经常说的："总是有问题。"

从个人角度上讲，我们将大部分时间都花在了生活琐事上：洗车、吃饭或者遛狗。但通过帕金森定律（Parkinson's Law），我们可以得出一个改良版的结论：越是简单的任务，计划时间越容易膨胀，反之亦然。

现代人讲究凡事尽量靠自己，少求人。向别人求助被认为是一件羞耻的事，就像是正式晚宴上穿错了袜子或者牙缝里塞了片生菜叶。因此请一位教练是最佳选择，更何况，许多人不只是拥有一位教练。选择只靠自己的人往往会陷入对独立的偏执，拒绝一切产生依赖的可能。

这种偏执来自于内心的自负——没有什么是我做不到的。当然大部分情况下，我们可以独立完成任务。但拒绝帮助并不能证明一个人的能力。这样的自尊心毫无意义，也低估了改变之路上会面临的困难，长期积累的专业知识和个人经验让我对此深有体会。

马歇尔雇用了一个名叫凯特（Kate）的女人，让她跟进自己每天的工作流程。这不是因为马歇尔不专业，而是他愿意承认自己的脆弱，和大家一样，他也会有无助的时候。如果坚持认为自己能独立解决难题，我们不仅会在反复尝试中错失最佳的改变时机，而且最终还可能在意识到自己的无能为力后，耽误寻求帮助的时机。

改变的时间越长，就越容易错过最佳机会，错过找到最合适的

---

①《周六夜现场》（*Saturday Night Live*）中的角色。——译者注

解决方案的时机。也就是说，没有制订理想的行动计划，我们就会错失进入重大场合的“门票”，被竞争对手打败，在解决问题时花费更多的时间和精力。这就是为什么即刻改变对一些人很有用，而量变产生的质变却对另一些人有用。

著名古生物学家斯蒂芬·杰伊（Stephen Jay）曾无法解释进化过程中的鸿沟现象，后来他发展了间断平衡论：进化是跳跃与停滞相间，不存在匀速、平滑、渐变的进化。这种说法也可以解释生活中的各种现象。

如果一个人的自控力不够却仍然想戒烟，那么他可以尝试很多方法：药物控制，嚼口香糖，加入互助小组和催眠。

我的父亲和岳父都是重度烟民。他们的衣服、头发上总是散发着浓烈的烟草气味。20 世纪 60 年代，一些呼吁保护身体健康的广告初登舞台，使得为“最健康烟草”站台的电视销售员淡出视线，我的两位父亲也因此突然决定戒烟。

只用了一个早上的工夫，他们就意识到自己应该戒烟，而且此后再也没有碰过它。当然不是所有人都能做到这一点，有的人需要更多帮助，有的人得要在多次失败后才能成功。

总之，这说明微小的改变会对个人产生巨大的影响。

当然这里还存在一个问题：若你不愿意接受帮助，即使是最好的教练也无能为力。实际上，绝对的独立者并不存在。外部环境的变化，亲戚朋友不时提供的人生建议，都会影响你的成功之路。他人的好意有时会让你心软，于是你放弃改变；改变会带来痛苦，于是你放弃改变；改变会暴露自己的脆弱，于是你放弃改变。

当然，不是任何改变的动机都适合寻求帮助和快速的解决措施。立即戒烟的决心十分罕见，毕竟在一时之间，大部分人都无法改掉自己长年来养成的习惯。

因此，每个人都需要帮助。不过改变的勇气是一回事儿，主动出击并寻求帮助的勇气又是另外一回事儿。

大部分人都认为自己可以做到一切，绝不能让别人看到自己的脆弱和失败，然而正是这种想法增加了失败的可能性。最后当尝试多次却仍然无果时，我们才开始决定改变。可既然做了这么多无用功，为何还要不断试错？

马歇尔常常问同事：他们会用多少时间来改变某个具体的习惯？他得到的答案通常是几年甚至几十年。这让他不禁反问："花了 20 年都没有任何改变？"一个人就能做到的事要不了这么长的时间，所以你应该寻求他人的帮助。

教练就是其中一种帮助途径。有时候教练不一定是我们的亲人，也可以是我们的好朋友或同事。面对同事伸出的援手，有些人并不会将其视为一种帮助，反而会揣测对方的动机或者直接回绝。如果你想帮助一个人而对方总是拒绝你，那你就没有必要再坚持下去了。

显然，我们无法帮助那些不愿意接受帮助的人。

在接受他人咨询的过程中，马歇尔发现，虽然每个人都说自己想要改变，却少有人脚踏实地地付诸实践。他们不想花力气接受新知识，不想为过去犯下的错误道歉，不想浪费时间与同事定期聚会，也不想在工作上保持积极的行动。

我曾与同事霍华德·摩根（Howard Morgan）一起主持一项名为“领导力是一项接触活动”（Leadership is a Contact Sport）的大型调查研究。该项研究的调查对象有 86 000 人，研究结果表明：如果领导者不努力工作也不采取进一步行动，那将使整个组织走向崩坏。因此对于我、他们及其公司而言，花钱接受咨询都是一笔不划算的买卖。想要改变，至少要有真心实意为之付出努力的想法。

我曾试图帮助一位肥胖的同事减肥。由于肥胖，他的事业受到了很多负面影响。你若和他坐在一起，便可以清晰地听到他吃力的喘气声。大部分的座位安排都不太适合他，他的大腿也放不住笔记本电脑。

我们为此多次交流过，他也发誓要做出改变，但他仍继续吃着垃圾食品，不愿意运动。最后我俩的一位共同朋友说：“就这样吧，我们已经尝过很多次了，他是不会改变的。如果他根本不想改变，我们也无能为力。”

如今他比以前更胖了，内心充满了负能量。这当然不是我们想要的结果，那么怎样做才算是积极的改变呢？

信仰系统：不是压力带来动力

不是所有蝴蝶都美丽，也不是所有毛毛虫都丑陋。

改变并不能许诺一个更美好的未来。问自己以下五个问题，确保自己可以系统地创造这份美好：

◎ 我要改变什么行为?

◎ 我要用什么行为来替代旧行为?

◎ 在改变过程中我需要哪些帮助?

◎ 怎样才能证明我正在进步?

◎ 如何才能保持住这种改变?

以希望改掉坏脾气为例，假设你在遇到不顺心的事时会乱发脾气，那问题的答案便是：

◎ 我希望自己遇到不顺心的事时能保持冷静，不再敏感和脆弱。

◎ 我希望能理解他人的某些行为是出于有意还是无意。如果对方是无意的，我要学会理解；如果对方是有意的，我要学会乐观从容地面对。

◎ 在我开口或行动之前，我要学会深呼吸，同时还需要时间。要做到这点，我必须有一位能传授给我正确的处理方法的教练（或者其他能提供类似帮助的人）。

◎ 我要学着不去争辩，不让自己的压力太大。我需要有能力采取正确的措施，这样才能获胜。

◎ 我会尝试不立即回应负面信息或负面行为。若是面对面的冲突，就远离是非；若是远距离的矛盾，就克制自己发邮件或打电话的冲动。必要的时候，我会寻求朋友的帮助。

大部分研究发现，彻底改变旧行为不是一件容易的事。但如果用更加积极的态度来替代，改变旧行为就会变得更加有效。比如，用嚼口香糖代替吸烟；用做笔记代替工作中指责他人的冲动。换句话说，想要及时表达鼓励，就要用更加积极和有效的行为代替不好的行为。

不管是公司还是个人，为了改变而改变的行为往往收效甚微，关键是要让改变有意义。在上述例子中，维持一段关系，自我鼓励，合理利用时间以及掌握局势都是改变的积极面。另一种审视改变的方法就是检查自己的信仰系统。信仰决定态度，态度反映行为（见图 3.1）。

如果 30 岁以下的人被认为不能做好某项工作，那么这种既定的刻板印象会打击这一群体的积极性，让他们在工作时三心二意，最后被炒鱿鱼；如果我们认为老师是成功道路上的引路人，我们自然就会认真听讲，尊重老师。

任何对职业、体制、同事、自己及其他事物的看法，都会影响我们行事的态度。在改变之路上，在人生风暴来临前，我们必须仔细检查自己的信仰体系。如果你相信蜘蛛有毒，坐飞机有生命危险，或是老板不喜欢自己，那么你的行为就会表达出相应的情绪：逃避、放弃和反感。在接受人生指导时，这种情况尤为常见。

图 3.1　信仰的表现

每个人都有一种潜在的信仰系统，它深藏于心，导致我们出现逃避、攻击和害怕等心理。临床医学家一直致力于研究这种信仰系统，希望有一天它能为人所知。不过只要处于深度思考的状态，我们就能觉察到它。

人们常用强迫性的手段处理不良行为，比如罚款、惩罚和惩治。虽然惩罚有时会矫正不良行为，可一旦不再接受惩罚，人们就会立刻回到之前的状态。想想那些在同一条路上收到三张超速罚单的人，还有受到批评后仍会偷偷玩游戏的小孩吧。“高压政策”行不通的原因之一在于：一旦惩罚解除，就会使后果变本加厉。

一般情况下，不良情绪会通过同侪压力（即朋友间的影响力）

传播。朋友之间常说：“不要落单，跟我们一块儿玩吧。”但是世事无常，凡事都没有绝对。当下和谐美好的小团体，以后也可能变成集体堕落的温床。

真正有效的行为改变，应该基于合理的个人能力和兴趣。当我们真的欣赏某种信仰系统时，就会自愿改变。非暴力抗议行为和检举人的最终目的就在于此。这也是“吸烟有害健康”的宣传语（而不是高赋税）能有效降低烟草使用量的原因。买一根烟花不了多少钱，但生命有限，若因为抽烟而无法见证孙儿的成长，那真的得不偿失。

停止扮演“受害者”，才能高效解决问题

在我们的改变之旅中，需要长期和短期的改变，二者必不可少。承认这点并寻求帮助，是一个人心态健康且具有自控力的标志。

在短期内，我们需要改变的是自己的处境。当你面对一位粗鲁的买主，一位暴脾气或者影响你工作的同事时，以下反应往往是错误的：

◎ 火冒三丈，一顿呵斥。

◎ 责怪自己，非常沮丧。

◎ 一言不发，失去理智。

◎ 思维混乱，乱做决定。

◎ 受到惊吓，临阵脱逃。

◎ 归咎责任，找替罪羊。

这些行为是功能性行为失调的表现，恶化了本就糟糕的事态。以下是面对这类行为时的恶意猜想和错误态度：

◎ 这个人本可以帮助我，却不愿帮助我。

◎ 我必须提高音量，最好能威胁到对方。

◎ 我必须从根本上改变计划和预期。

◎ 我在改变之路上大错特错。

◎ 我被误导了。

◎ 我失败了。

如果信仰系统默认没有人会受到惩罚，情况会怎么样（这似乎是很多人自救行为下的潜在意识）？如果我们相信人非圣贤，孰能无过，即使他人刻意搞破坏但并未针对你，情况又会怎么样？一个人的车子与你的车发生追尾，那么他（她）也许只是车技不精，并不是对你心存敌意。换句话说，假设这个人只是没有注意到你的车子，你可以选择原谅他（她），毕竟你也可能会做出类似的事情，那么情况是否会不一样？

马歇尔常与自己的团队分享一则佛教寓言，这则寓言告诉我们应如何从容面对困难。

一名农夫在汹涌的河水上划船。为了给村子运送农产品，他不得不逆流而上，累得满头是汗。由于天气太热，农夫想赶紧将东西送到村子，然后在天黑前赶回家。当他朝远处望去，他发现另一艘船正顺流而下，迅速地朝他驶来。农夫顿时感到十分紧张，他一心只想避开，可划了半天船也没有反应。

于是农夫对那艘船喊道：“还不变道！你马上就要撞上我了！”但是没有用，那艘飞快行驶的小船还是撞了上来。“砰”的一声，猛烈的撞击让农夫的船不停摇晃。他愤怒不已，大声呵斥道：“你瞎了吗？河面这么宽都能撞上来！”

农夫盯着那艘船，想看看船夫是谁。但他发现船里根本没有人，自己刚刚竟然对着一艘空船大喊大叫。原来这艘船脱锚了，所以才顺着水流移动起来。

这就是故事的有趣之处：有时，我们会认为一切都是对方的错。一旦遭遇逆境，我们就责怪他人的冷漠与愚蠢。我们会因此暴怒，采取极端行为，甚至推卸责任，把自己视为受害者。在困难来临时，我们不仅不试图正面解决，反而采取攻击性的行动。这样只会雪上加霜！如果一开始就知道那是一艘空船，我们就会从容许多。因为没有肇事者，农夫便不会暴怒，更能平静地看待整起事件，认为这是命运或者坏运气使然，然后改善现状。但是要弄清另一艘船上是否有人，确实是个不小的挑战，所以农夫选择对空船大喊大叫。可是空船并不想撞上来，那些每天让我们生气的人也一样。把每件事都看成空船的意义在于，接受它并尽可能地改变自己的心态。同时我们还要与不能改变的人与事和平相处。

空船的故事告诉我们，信仰会在漫长的改变道路上发生变化。但在短期的改变之路上，如若遇到阻碍，保持良好的心态才能更有效地解决问题。阻碍可能是一位非常粗鲁的客户。遇到这种事情，你可以选择忽视、报复或者询问对方："你看起来很生气，是不是我做了什么事情不小心得罪了你？"最后一种方式包含观察和提问，是一种正确的回应方式。

如果一位同事告诉你，由于你的一些举动，可能让他（她）失去了一个目前正在积极接洽的客户。对此你或许会据理力争，或者表明自己事先不清楚情况，或者置之不理。但是你还可以选择道歉："真的不好意思，我之前不清楚。我能做什么帮你挽回这位客户？你是否需要帮助？如果有必要，我可以现在给这位客户打电话。"至此，如果你的同事不领情，那就是对方的问题，和你的行为无关。

情形的变化是最让人头疼的，因为这种变化往往无法预测、出人意料，并且十分依赖周围的环境和身边人的秉性。这就是家庭的微妙氛围与职场的完全不一样的原因。

说点题外话：幸福婚姻的保鲜秘诀就是接纳矛盾。两个人在相处时，总会面临各式各样的情形。如果不接纳矛盾，那么你们的婚姻就不会长久，除非你是受虐狂。

我有一位朋友是人际关系顾问兼心理学家。尽管如此，他却结了三次婚，婚姻之路非常坎坷。他选择的女人风格不一，有比他小 20 岁的刚毕业的助手，也有大他 10 岁的企业继承人。

在一次出差途中，我们都带着家属。就是在这样的旅途中，他宣布了自己要与现任妻子离婚的消息。

“出什么事了？”我问。

“我们因为去哪儿吃饭的问题吵了一架。”

“吵架？”

“是的，你们俩肯定从不吵架。”

我和妻子面面相觑说：“当然吵啊，只不过每天吵 3 次而已。”

“那你们还不离婚？”

“这才是我们不分开的原因啊！”

维持一段长期亲密关系的秘诀就是：明白吵架、意见不合或者对峙在所难免。夫妻双方都应有调解问题的能力，学会动态地看待争吵而不是选择惩罚对方。其实该秘诀适用于任何关系。

好了，题外话到此为止。

总而言之，从最初拒绝改变到正面接受再到主动改变，这就是一次积极乐观的蜕变之旅。尽管在大多数关系中，我们都缺乏维持长期关系的理论基础和经验，但只要有良好的心态，我们就能获得积极的态度，产生有效的行为。不要预先设定老板是一位暴躁的“昏君”；也不要假设每件不顺心的事情，如飞机因天气原因晚点，都是老天在故意刁难你；更不要总认为自己是受害者。相反你应该坦诚地与老板沟通，提前做好应对各种突发情况的准备，或弄清事件的来龙去脉，看看自己是不是真的受害者。

在此我想告诉大家一些关于赋权（empowerment）的事：与没有能力（权力、资源和技术）帮助你的人争辩毫无益处。你或许曾在包裹一直未送到时，气愤地朝客服大吼大叫，但需知道你这是在做无用功，只会降低这位客服帮助你的意愿。你应该找有一定权力的人，比如告诉客户经理，让他帮助你。我曾丢过行李，但我不会在一间狭窄的机场办公室内，对行李处的职员大吼大叫，我只会说：“我知道你们一整天都在处理这种事，所以为了尽快找到我的行李，我能做些什么吗？”

我（马歇尔）经常出差。每次听到飞机晚点的消息，我就会想起一张照片，它是在我和红十字会成员前往非洲进行志愿者活动时拍的。一想到这张照片，我就会想起那些食不果腹的非洲儿童。在非洲，人们分发食物时会测量孩子们的胳膊，只有胳膊达到一定尺寸的孩子才能获得食物。那些胳膊太细的孩子反而不会得到食物。得到食物的那部分孩子虽然不会饿死，但也不会吃得太饱。

非洲的经历让我永生难忘，它让我发现自己是有多么幸运。当我快要发脾气的时候，我就会想起这张照片和非洲可爱的孩子们。我会一遍又一遍地重复一句话：“永远别抱怨飞机晚点，世界上还有很多人正面临着真正的困难，我们甚至无法想象这些艰辛。我太幸运了。所以，永远不要抱怨飞机晚点。”

企业领导者下放权力，允许下属协助他人，不失为一种简单、快捷和节约成本的做法。因为如此一来，员工就不用再等待最高管理层来解决问题。如果客户有问题需要解决，前线员工也有权力予以帮助，那么问题肯定会迅速地解决。

我想同大家分享一个秘诀。如果他人合理地向你抱怨某事，你可以问对方：“请问我如何才能帮到你？”不出意外的话，对方提出的要求会远低于你的预期。

万豪集团旗下的丽思卡尔顿酒店明智地改变服务策略，他们不再给员工用 2 500 美元平息顾客怨气的权力。因为他们发现，一杯免费的红酒或者一声诚挚的道歉就能让顾客重现微笑。

在这类事情上，信仰系统不应该默认每一位提意见的客户都怒火冲天，甚至只有上天摘月亮才能消解他们心头的愤怒。有一次，我在飞机上被泼了一身酒，但我选择原谅那位没拿住酒杯的空乘，因为这不过是一次意外而已。

在事情发生后，及时处理就好。

有意识地“知道”并“做到”

我们的目标（或志向）不应是静止的，也不应在实现后立即丢弃，它应该具有流动性。当我们行进在蜕变之旅上时，志向也会随之发生改变。比如，我们从前梦想着加入一支球队，而现在梦想成为全明星；以前只想做慈善捐款，现在则想全身心投入慈善事业；曾经计划每年度几次假，现在想周游世界；以前是一名优秀的员工，现在想成为老板。每个人都可能经历以下三个阶段：

1. 拒绝改变；
2. 随意或刻意地改变；
3. 主动改变。

在改变的最低级阶段，我们给自己筑了一个巢，然后心安理得地待在里面，不愿迈出第一步。此时，改变对我们来说真是太可怕了，于是，我们把所有外界因素都排除在外。

其实，有些人希望维持现状也可以理解，但从长远来看，维持一成不变的状态没有任何益处。毫无疑问，在商业领域内，企业文化如果得不到持续更新，必然会被这个混乱波动和反复无常的时代抛弃。

想象你的生活一成不变。我（马歇尔）认为一生中总有几样是肯定不能变的：伴侣、工作和生活的小区。但生活需要变化，否则我们将被时代淘汰。不良习惯、怨念、定势思维等是我们需要抛弃的生活垃圾，因为它们与不幸的生活息息相关。

因此，如果我只能要求你做一件事，那我希望你做一次改变，一次你终生不会后悔的改变。这里有一个准则：不后悔。这个改变或许是打电话告诉妈妈你爱她，或许是感谢顾客的信任，又或许是在开会时不再愤愤不平而是安静聆听。其实任何改变都行，只要能与曾经的你说再见。

现在就改变吧！这对朋友、公司、顾客和家人来说都是一件好事。更重要的是，你自己就是最大的受益者。说不定你会喜欢改变，然后选择再来一次。

不要总想着维持现状，重复已有的技能，而是应该接受改变。这样一来，我们就会升级到第二阶段。在这一阶段，我们开始接受改变，经历“接受—调整—适应”的 3A 过程。

接受（Accept）

只要改变不会影响你的工作和成功（一般说来不会造成影响），那么请从容接受它。为了改变，你可能要搬家、交更多的学费、换工作或者结交新朋友。请明白不同改变的需求，并做出合理的决定。

调整（Adjust）

将改变融入你的习惯和行为。一旦明白改变对自己有利就调整态度，迎接更多变化、选择和新环境。

适应（Adapt）

现在，你的行为会相应地发生变化，结交新朋友、结束累赘的关系、选择不一样的工作及生活方式。积极的你会让改变如影随形，这就是内部控制和外部控制的结合。

只要我们发现自己正在改变，就可以思考并控制改变的方向。所以第三阶段就是主动改变，让内部控制发挥主导作用。如果我们获得了某个职位或者在攀上山顶后继续前行，那么在改变之路上，怎样才能知道自己已经实现了部分理想呢？

毛毛虫能感知天气的变化，也可以通过体内的生物钟知道成茧的时间。但是人类没有自动化感知体系，因此我们只能自己创造蜕变的时机。

最好的时机并不存在，但我们可以避开坏时机，摆脱拖延症的影响，离开舒适区。有人说："不要一开始就做这么多改变。"也有人说："先稳定生活，再寻求改变。"其实这些都是陈词滥调。

你看，陀螺仪不是一边旋转才能一边上升吗？

生活不是一张固定的照片，而是一场时刻都在变化的电影。我们应该不断调整行为，以适应不断变化和提升的目标。理想的行为目标一直在变化，而信仰系统也在不断改变。

现在，请写下一个你迟迟未改变，也不打算改变的信仰。

然后，再写下一个你曾经的信仰，和一个替代了旧信仰的新信仰。

最后，计划一个你今后想拥有的信仰。

我的答案依次是：首先，我相信新闻界存在自由，认为新闻内容应公正客观；其次，我曾认为在努力工作后得到认可，并获得升职机会是最幸福的事，但现在我认为自己当老板才最舒服；最后，我觉得美国现存的两党制度可能会在未来发生改变，以后会有更多不同政党的领袖加入总统候选人的行列，民众的声音也会越来越多。

信仰有时是固定的，有时是变化的，有时还会被新信仰所取代。你慢慢会明白，在这场改变之旅中最重要的就是让自己拥有权限。

在第一阶段（图 3.2）里，你认为自己根本没有权限。在这一阶段，即使前方道路通畅，你也不会闯红灯；即使买方犯了很大的错误，你也不会反驳；即使排队让你心烦意乱，你也不会要求接待员将自己升级成VIP，更不会偷偷从排队隔离带下溜进入口。你不会被拒绝，因为你总是安分守己。

在第二阶段（图 3.2）里，你开始学会征求许可。在这一阶段，你会问伴侣是否可以动用共同账户购买某件商品；当客户经过某地时，你会询问是否可以与他见一面；遇到问题时，你会举手示意。除此之外，你还总是希望他人认可自己的方法、提议、选择。

在第三阶段（即图 3.2）里，你拥有了权限。在这一阶段，你能够审视周围的环境，确定可以先敲门，再进 VIP 休息室。遇到新事物时，你会自己做出判断："既然他们提供了这些用品，那就是让我使用的。"你会与同事比较工作进度，确定自己的工作进展得很顺利。在遇到瓶颈期时，你会说服自己坚持继续前行。你或许不会开辟新天地，却很善于利用他人已开垦好的花园。

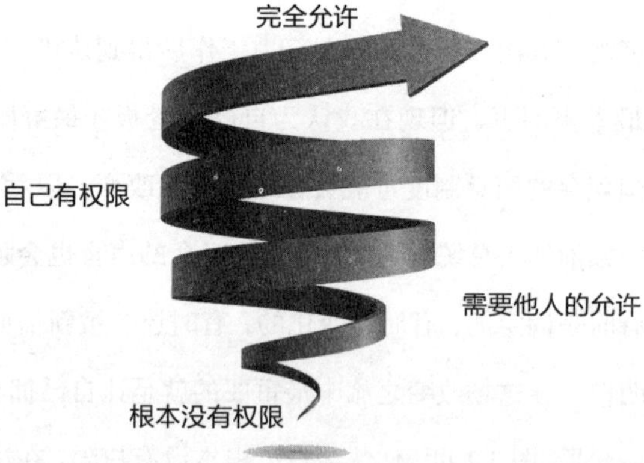

图 3.2　螺旋图

在第四阶段（即图 3.2）里，你认为凡事都具有可行性。在这一阶段，因受到道德教育的影响，你虽然不会做出任何有违社会准则的行为（比如插队），但你会径直走进 VIP 休息室——你认为自己完全有资格这么做，因为你已经是穿高级外套的人了。根据自己的经验和知识，你会坚定地告诉买方，他做了一个错误的决定；你会不举手而直接问问题；你也明白有些法律法规可以视情况而定，因此会灵活地运用这些规定来指导自己的行为。

最理想的阶段应处于第三和第四阶段之间。这也是心态最好、完全掌握改变方向的人所处的阶段。这类人知道什么时候需要征求同意，什么情况下可以直接行动。

其实图 3.2 就是成长的过程：先是无意识地认为自己做不到，然后是有意识地认为自己做不到，再是有意识地认为自己能做到，最后是无意识地认为自己能做到。

随着时间的推移，我们的行为也会相应地经历多次改变。在下一章，我们会对决定行动本质的因素——信仰系统进行探讨。

第4章

挑战信仰固化，创造自己的现实

克服“冒牌者综合征”，你值得被看到

托马斯·杰斐逊（Thomas Jefferson）曾在《独立宣言》（*The Declaration of Independence*）中写道：“我们认为真理不言而喻。”但哪些真理一定是正确的，哪些又该被质疑？随着年岁的增长，人内心的信仰会潜移默化地受到经历影响，我们不再用审视的眼光看待那些所谓的真理，甚至不再去质疑或改变它。因此，我们将在本章讨论重塑信仰的益处。

以自我推销为例。很多人害怕自我推销，尤其是女性，她们要比男性更喜欢进行自我批评。这是因为长久以来，人们都有一个错误的认知：谦卑在任何时候都是一种美德。

这种认知其实很荒谬。你愿意让实习脑科医生为你做手术，让羞怯的律师为你辩护，让自我否定的顾问计划你的未来吗？你是否有过这样的经历：当真正优秀的人在骄傲地（不是高傲）讲述自己的成就时，你不会感到反感。有人会说：“好作品往往不言而喻。”这句话自有其道理，但并不完全正确。如果有一天你的信用卡额度不够了，即使你不去申请，银行也会主动帮你申请。资深顾问都很

清楚分配信用额度的流程：

1. 他（她）可以为公司利润做贡献；
2. 他（她）是个好帮手；
3. 他（她）喜欢助人为乐；
4. 我认为他（她）不需要主动申请提额；
5. 他（她）是谁？

不过，我不是在建议你自吹自擂，而是在建议你学会展示自己的优势。

一名小型法律公司合伙人的顾问曾经向我透露，他感觉自己像一个冒牌者：虽然曾做过律师，却从未管理过法律公司。

在我问过他的同事和好友后，我确定这个人到目前为止，是写过最多关于管理小型律师公司书籍的人；是被法律报社援引过精彩个人经历的人；是具有丰富的咨询经验，并且有优秀介绍信的人；是曾被媒体采访过对法律问题看法的人；是各商家竞相与之签订合同并愿意购买其知识产权的人。

于是我告诉他，世界上没人比他更有资格做这行了。这位顾问的信仰系统出现了一个错误：他认为在为别人给出建议前，自己必须有所作为。

在我看来，我们所遇见的大部分咨询师、教练、人生导师，总是会尽最大努力去帮助客户彻底解决各种疑难杂症。但他们不喜欢宣传自己，生意完全依靠他人的推荐或客户主动上门，这导致他们的收入相当有限。我认为他们也应该学会推销自己，为自己增值。

我（马歇尔）经常这样想：要是看到有意思的事物，比如拉风的汽车或高分电视剧，我们会不会想同大家分享？会的。对于自己发现的新奇玩意儿，我们肯定会迫不及待地把它推荐给每一个愿意聆听的人。因为我们不是制造商或制片人，所以我们不会夸张，只会如实描述汽车和电视剧的优点。

现在，假设你是某个产品的制造商，那么你肯定希望自己的产品及其优点能广为人知。但是请在宣传时保证用词精准，尽量不夸大产品的效能。

同样，在向他人介绍自己真正擅长的事情时，我们也应当如此。当你和别人交流时，你可以告知对方有用的信息（比如自己的优点），没有必要为此感到害羞。

> 欲帮人，先帮己。想想飞机起飞前的注意事项：如需帮助他人，请先戴好自己的氧气面罩，再为身边的人戴上。

现在，让我重新定义一些概念：

自信：一种真诚至上的信仰，帮助他人，也是在了解自己。

傲慢：真正的傲慢是认为自己是救世主，却不去充实自己。

装模作样：没有资本的傲慢。

个人品牌：你不在的时候人们也会想到你。（没有个人品牌，人们才不会想到你呢！）

而什么是自大、自我？是你认为自己已经完美到极致。如果有一天，你是以一种荒谬而非谦虚的姿态定下了一个目标，那么请认清自己是否狂妄自大。这种信仰（完美到极致）荒诞可笑，却容易在人心中根深蒂固。很少会有人正大光明地说："我真是太优秀了。"但是，这确实是很多人梦寐以求的愿望，只是他们将其藏于内心。最负盛名的人绝不会说出这样傲慢的言辞，他们只会埋头苦干，继续前进。

积极的自我推销会让我们在工作中受益匪浅，尤其是当我们发现自己一直都在兜售创意的时候。虽然我们有售卖的义务，但他人没有必须购买的义务。马歇尔经常向大家分享现代管理学大师彼得·德鲁克的理念：每一个决定都是由有权力做决定的人做出的，他不一定是最聪明的人，也不一定是做正确决定的人。如果能接受这一点，并且开始认真积极地改变，那我们就踏上了产生真正影响力的第一步。正如德鲁克所说："大部分人的格局都很小，他们更关注自己的努力而不是结果。他们总是在想公司'欠'自己什么，以及应该为自己做什么，并且认为自己'本应该'拥有更多权力。这些想法让他们最终一无是处。"

所有公司都有营销职能，不断进步应是每家公司的常态。因此公司管理者愿意在广告宣传、产品铺设和培训等方面进行投资。因为他们认为，公司的产品和服务不是自家卖的土豆或油画，也不是专门为打价格战而存在的，公司只有在产品和服务被赋予了价值后才会有意义。你的工作也一样！如果你真心认为自己为公司付出了很多，那么请大胆地说出来，并不断地完善自己。

在第 2 章里，我们探讨了冒牌者。这类人总是担心自己哪天会被"曝光"，他们担心别人发现自己的缺点，害怕被视为不专业的人。这让我（艾伦）想起了自己的经历。20 世纪 80 年代，我第一次以专业人士的身份做演讲，那时我的演讲费是 750 美元一场。观众愿意买门票到现场，对我来说是一件不可思议的事情。因为我既没有复杂的模型，也没有创新的理念。可是没有一个人冲上演讲台把我拉下。后来，我成了演讲台的常客。

这个经历给了我很大的启发，也使我对之前藏于内心的糊涂想法——必须提出新观点、创新演讲形式才能吸引听众提出质疑。事实上，我的演讲中没有华丽的辞藻，而是更倾向于用朴实的语言说出务实的建议，比如告诉听众，如果做一件事让你不开心，那就尝试用另一种方式。如今，我仍然坚持这一观念，不同的是，我的出场费变高了。

> 1990 年，有一位 CEO 非常喜欢我在他公司发表的演讲。他告诉我让他印象最深刻的是：我的演讲每一次都充满了创造力。他说："世事变化太快，一场演讲的保质期最多 6 个月。"
>
> 我说："没错，谢谢你。"
>
> 从 1990 年至今，我仍然在使用那场演讲中提到的观点（这就是解决问题和创新的不同之处）。

我们常因新鲜感而改变行为，由此衍生的行为和态度往往带有更加极端的想法，比如：

◎ 每个人都要爱我并支持我。

◎ 所有的问题都可以轻易解决。

◎ 我们有义务对他人的情绪负责。

◎ 所有的抱怨都可以得到申诉和解决。

◎ 我们应该对他人怀有献身精神，尤其是家人。

◎ 我们无法控制"他们"。

◎ 我们无法影响明天。

◎ 可以想想坏的可能性。

◎ 我宁愿忍受功能性行为失调（dysfunctional behavior），也不愿意克服它。

值得一提的是，上述这些极端的想法反过来又会直接影响我们的行为。

真自我，拒绝刻板思维

检测自己信仰的一个重要方面，就是理解自己的身份。我们常常认为“真实的”自己要弱于他人眼中的自己，也不如他人社交圈中的人。为了获得社会认可，人们认为自己应该扮演一个角色。存在主义哲学家让－保尔·萨特（Jean Paul Sartre）曾通过“服务员”的例子解释了这个观点。他认为有些服务员不太像真正的服务员，因为他们衣着极为得体，礼貌且知识渊博（你是否遇到过特别热情的服务员，他们非常积极，不停关注顾客的情况以至于打扰了顾客的兴致）。萨特认为，社交压力会让服务员展现一些他们不具备的能力。在服务的时候，服务员丧失了部分自由意志。萨特说，多数人没意识到是自己放弃了这种自由。

在追求成功的路上，我们很容易丢失这种自由。或许是因为社交压力，我们往往希望得到那些自己觉得应该具备的能力，而不是活出真实的自己。当听说有魅力的人会成功时，我们就努力变得有魅力（即使这种魅力同自己的性格完全不搭）。为了赢取他人的认可，我们在进行自我描述时，甚至会试图掩盖真实的生活。

现在让我们再看看服务员面临的问题，这次不是萨特口中的“服务员”。我们在第 1 章里说过，洛杉矶的服务员都认为自己能上电视。有的服务员胆子很大，直接宣称自己就是一名演员，尽管他们从未演过任何角色。一名牙医也可能说自己是一名编剧，尽管他（她）只写了几页剧本。一名顾问也可能说自己是受欢迎的演说家，是世界级的权威，而实际上其客户寥寥无几。

在进行自我描述时，乐观一点其实并无太大问题（研究证明，把握好尺度会带给你益处），但过度美化则会酿成大祸。如果你还没有成为他人口中的榜样，也无法展现出榜样应有的样子，那么美化自己只会让个人形象的真实性大打折扣。我没有看到一位励志的演员，只看到了一名服务员。我没有看到一位前途无限的编剧，只看到了一位医生。很多人说自己是小说家，可是他们不仅没有出版过一本书，甚至还东抄西袭，谎称那些零碎的半成品是自己的杰作。

因此请将自己的信仰系统调整至合理的位置，让你当下做出的决定和采取的行动都能正确反映真实的自己。否则你根本不会努力点燃自己的演员梦，因为打心眼里你已经认为自己是一名演员了。梦想成为编剧的牙医也不能因为过于关注自己的剧本，而忽视了 X 光片中的几处阴影。顾问要想成为一名成功的演说家，就要花大量时间积累经验，而不是一门心思招揽新生意。

在教练生涯中，我们总会遇见这样一些人，他们活在别人看不见的身份中，并为此感到十分痛苦。如果这些人已为人父母，问题就比较难解决了。因为他们总是认为，自己是资深公关人员或者房地产代理，目前只是暂时在家带孩子，等有了保姆或者送孩子去托儿所他们的生活就会回归正轨。如果这种事发生在另外两类人身上，那么问题就会极难解决：一种是仍在精壮之年就认为自己应该退休的人；另一种是在退休之年仍然干劲十足的人。

在航空领域，飞行员的工作年限是最受关注的问题。飞行员要工作非常长的时间，直到 65 岁才能退休。我和马歇尔都过了这个年龄，现在的我们权力最大、能力最强，也比年轻时更成功。因此某个随意定下的年龄，凭什么决定一个矫健老人的工作权利？但这其实是一种非常普遍的现象（很多老飞行员都经历过）：用某个荒谬的商业规则赶走公司里最资深和最成功的人，只是因为这些人都是老家伙了。

1935 年美国通过《社会保障法》（*The Social Security Act*），规定 65 岁的人为老年人，而在当时美国人的平均寿命为 68 岁。这也就是说，退休老人大约能享受 3 年的养老金，每一位老人的养老金由 12 名工作者所缴纳的社保负担，即 12 个上班族每月所缴纳的社保可以养一位退休老人。

如今美国人的平均寿命延长至 78 岁，花甲之年的人看起来都很年轻。按照上述算法，退休老人大约平均能享受 13 年的养老金，每一位老人的养老金由 2 名工作者所缴纳的社保担负。此外如果年满 65 岁的飞行员身体健康、经验丰富，他们或许能再工作 5 年时间。正如英国剧作家萧伯纳（George Bernard Shaw）所说：“人不是因为老了才停止玩乐，而是因为停止玩乐才变老。”

在我们周围，总有一些所谓的“智者”（即外部控制因素）会说：“人在某个阶段会变得迟钝，然后死亡，与天地融为一体。”这种自我应验的预言充满了绝望和无奈。确实，很多伟人在热血和激情逐渐退却后，逐渐走向衰老。但是即使退休了，我们仍能继续创造价值。你可以一边悠闲地浇花，一边商量如何解决一件充满争议的法律事件；你可以一边教孙子骑单车，一边规划房屋建设。很多人年轻时的精打细算，只是为了尽可能多地留点安享晚年的积蓄，可他们最后发现，自己辛苦存下的积蓄全被糟糕的身体给掏空了。这是由于退休后，老人安坐的时间远大于走动的时间，很多身心疾病由此而生。

我（马歇尔）曾在他人身上看到：一味迷信退休让生活变得糟糕。由于公司被收购，我的朋友戴夫（Dave）在 48 岁时就退休了。当时的戴夫已不需要工作，他的财富足以让他做任何想做的事情。于是，他计划旅游、打高尔夫球和陪伴家人，生活似乎变得非常美好。

在为期 6 个月的旅程结束后，戴夫感到异常孤单和痛苦。他的孩子们在上大学，妻子则投身于工作经常出差。一天晚上，快递员给他送来了一份包裹。了解到这里是快递员当天送货的最后一站时，戴夫邀请对方进屋坐一会儿。一杯咖啡饮尽，两人开始熟络起来。快递员认为，对于当前的全球问题和复杂经济问题，戴夫的分析到位，眼光敏锐。送走快递员后，戴夫心想：“多么愉快的一次聊天啊，这真是太有趣了，这是这周最有趣的一件事！”为了打发那些无聊的时光，戴夫会玩玩高尔夫，听听乡村俱乐部的老人重述过往的日子。也就是在那天晚上，戴夫看着镜子里的自己，想起看了一下午的《人人都爱雷蒙德》[①]（*Everybody Loves Raymond*），他突然自言自语道："我刚刚是不是说，和快递员聊天是这一周以来最有趣的事？"戴夫发现退休或者思考有关退休的事，并不如想象中那样美好。两周后，他有了一份新的工作。

由于工作原因，我（马歇尔）认识了很多培训领域的大人物。他们积蓄丰厚，随时可以退休，但他们中的大部分人不会这样做。管理学大师彼得·德鲁克、美国女童子军前CEO弗朗西斯·赫塞尔本和领导力大师沃伦·本尼斯，这类人总让我赞叹不已。他们虽已是众人敬仰的佼佼者，却不曾松懈仍在努力。他们这么做不是为了追逐金钱、名利和地位，而是出于对工作的热爱。正是这份热爱，让他们对世界产生了积极的影响。这些人及我的朋友戴夫教给我一个道理：人们高估了退休后的生活。

我曾有幸与一位备受尊敬的顾问理查德·贝克哈德（Richard Beckhard）共事。我们在一起工作几周后，他便去世了。对我来说他是一名优秀的教练和导师，也是很多同行的榜样。我记得最后一次去拜访他时，他已经知道自己的生命将走到尽头。那天，贝克哈德接到了很多通电话，但我发现他不是在向别人告别，而是仍在帮助对方。他对工作的热情让我惊讶不已！不管何时何地，贝克哈德总能为他人提供有效的帮助。

当时我想对他说："你为何不放下工作，好好照顾自己？你已

①美国经典情景喜剧。——译者注

经做得够多了。”现在回想起来，我庆幸自己没有说出口。病榻上的贝克哈德和以前一样，即使死神近在咫尺，他仍然满怀激情地工作，脸上的微笑从未消失，只是他可能来不及向对方收取顾问费了。在那一刻，我做了一个决定：成为像贝克哈德那样的人。

作为一名极少改变自己信仰的人，我因为贝克哈德而选择了改变。在听取他人的意见后，人们通常会改变自己对某些重大问题，甚至是争议性话题的看法（这种情况很普遍，不过在政治话题上很罕见）。在酒驾、抽烟或健康生活的问题上，人们很容易改变自己原有的看法。

通过下面的小测验，我们可以快速评估自己的信仰：

1. 简述对自我的基本认知，比如你最擅长的领域（教学生）、不擅长的领域（玩乐器）、自己的性格缺点（没有忍耐力）等。

2. 简述自己曾做过的积极改变，比如上钢琴课、学习游泳、辞职创业。

3. 简述为了成功改变，自己应该完善、创造或者放弃的行为，比如离开某个组织、结束某段不合适的关系、更换投资对象。

你可能很少改变，甚至从不改变。但若不主动调整信仰，你的信仰系统将会固化。当你认为自己的信仰正确且无须调整时，定势思维便已经占领了你的大脑。如果不改变，旧信仰就会继续从行动上指导你的生活。但是，人每年都会成长。我常对自己的听众说："两年前的愚蠢总让我自己惊讶不已。"

或许是时候改变自己的态度了！

预设态度，指导行为，守住初心

态度是连接信仰和行为的桥梁（就像神经元上的突触），使我们得以用一种自我安慰的方式看待并感知人事。行为会反映态度，因此那些从未吃过海胆的人，很可能只因其可怖的模样就告诉你他们吃不了海胆。有时态度可以是矛盾的，比如纽约扬基队[①]巨星约吉·贝拉曾认为"没人会去人山人海的地方"；态度也可以是固定不变的，比如我不喜欢待在水里；态度还可以是普遍性的，比如要是不忙点什么，很多人就会觉得自己很懒；态度也会根据不同的地域文化发生明显的变化，比如德国人和澳大利亚人基本上不能接受朋友暴富，而美国人会表示羡慕并想知道其中的秘诀。

在商业领域或学校，一些行为常常被人误解：开会迟到是"没有团队意识"的体现，尽管这可能是被私事耽误或者路上堵车的缘故；学生成绩不好并非是学生不愿意学习，而可能是因为他患有失语症或者不适应教学方式。培训专家罗伯特·马杰（Robert Mager）曾说："如果一个人的头被枪指着却没有任何反应，那么他

①是美国职业棒球大联盟中隶属于美国联盟的棒球队伍之一。——译者注

不是大脑有问题，就是身体有问题；如果以上原因都不是，那么就是他的态度或者动机有问题。”

虽然我们可以通过训练，让有行为缺陷的人学会一些应对技巧，但对于患有功能性态度失调（dysfunctional attitude）的患者，我们只能进行指导。这就是单纯的激励性、教育性和运营性项目很难在商业领域取得成功的原因。

为了完成配额任务，在未经客户授权的情况下，富国银行（Wells Fargo）上千名员工非法开设了大量虚假账户。2016 年，联邦政府介入调查，结果发现，银行高管对此一无所知。但是在听证会期间，议会成员认为，银行高管的行为与抢劫犯并无二致。

该银行规定，完成配额任务的员工会获得奖金，而未完成的人将被列入裁员名单。银行员工也默默接受了这一规定，因此这些性格各异的员工认为：“我必须完成任务，因为每个人都做到了，这不仅能保住工作，甚至还能升职。”于是犯罪行为就这样产生了。一旦人的脑子里开始有坏念头，那么他离受法律惩罚和道德谴责的日子就不远了。

那么你的态度是什么？如果改变信仰，态度和行为也会随之改变，例如：

◎ 如果你认为食用动物是不道德的行为，那么你的态度就会让你变得拒绝吃肉，然后成为素食主义者。

◎ 如果你认为吸烟有害健康，那么你的态度就会让你变得讨厌抽烟的环境，并且还会阻止你的孩子抽烟。

◎ 如果你认为帮助他人不仅能赚钱，还能提升双方价值，那么你的态度就会让你变得想帮助更多的人，从而开始积极寻找客户。

在成长过程中，我们的态度往往体现在一些陈述性的语句或言论中，例如：

◎ 我需要有自己的发展资源。

◎ 失败乃成功之母。

◎ 在不伤害家庭的情况下，我可以谨慎选择风险。

◎ 旅行就会有不方便之处，我必须接受这一点。

◎ 为了得到有效的帮助，在接受他人指导时，我要保持诚恳和投入。

同辈会对一个人的态度造成很大的影响。所以我们要谨慎地选择朋友。在成长之路上，我们应有一双能辨别组织和机构的眼睛。

你看到了什么？你向谁发誓？你的朋友是谁？你大部分的社交时间都花在了哪里？你属于哪个董事会或团体？你的地方政治关系

是什么？你成就了一番怎样的事业？

我们在第 2 章中说到，只有密封前一阶段的防水门，才能前往下一阶段的生活。惯性是一种让人强烈依赖的状态，它让我们无法摆脱过去落后和无关紧要的态度。我们应定期客观地反思自己的态度，这很重要。因为态度会指导我们的行为，而行为会反作用于我们的信仰系统。因此在真正开始行动前，请回想一下自己的初心。

你“眼中”的现实，不过是“错误假想”

1956 年，米高梅电影公司投资了一部科幻片《禁忌星球》（*Forbidden Planet*），并让它成为彩色电影及宽银幕电影的领头羊。在这部电影中，主角默比乌斯（Mobius）能将自己想象的事物变成现实。如果你也拥有这项特异功能，你会做些什么？

生活有点像一台新颖却复杂的游戏机，在这台游戏机里，只要戴上全覆盖护目镜，你就能看到自己所选择的真实场景。这种感觉是不是很奇妙，让人兴奋不已？但是你能理智地分清游戏与现实的界限吗？我们每个人都是这场游戏的玩家，时刻都戴着护目镜。这就是为什么，一旦我们开始关注游戏的正确性和所处环境的真实性，我们就会不时地陷入沉思。

其实我们的确拥有默比乌斯的能力。现实会影响行为，反过来，行为也会影响现实。行为总是与我们的信仰和态度保持一致，不过信仰和态度又容易演变成毫无理由的“以为”。正是因为这一连串无效的“以为”，个人和组织才会做出错误的判断。

你是否曾以为自行车的车胎还有气，可它实际上已经没气了？又或者：

◎ 以为下一次升职的是自己？

◎ 以为在一次重要的考试中拿到了 A？

◎ 以为你的伙伴赞成自己的假期选择？

◎ 以为你的孩子绝不会嗑药或者喝酒？

◎ 以为客户对此项目很满意？

◎ 以为慢性疼痛没什么大碍？

◎ 以为不管遇到什么样的路况，自己的车技都能应付？

另外，你是否在某天突然发现，这些“以为”是错误的，它们让人痛苦，给我们制造麻烦，破坏我们的人际关系，还给人带来心理上的创伤？

你以为自己掌握着世界的真理，实际上只是陷于自己认为的现实。更要命的是，我们把自己的感觉视为现实。我们受所见所闻的影响太大，以至于忽视了其他感官带来的信息。但其实正确的信息正在向我们怒吼，向我们提出有关真实和假想的质疑：“你到底相信谁？是事实还是你的感觉？”

只要一不小心，我们就会走进错误假想所设置的圈套之中。有时曲解某些显而易见的事实都属正常。检察官会告诉你，并不是所有目击者的证词都可信。在第 2 章我们提到，如果服务员是一个胖子，即使我们菜点多了，也不会觉得不好意思；如果朋友都是胖子，我们就不会太在意自己的体重。同样，如果我们在爬山前准备充足，那么在爬了一段时间后，就不会觉得山腰比山脚更为陡峭。山还是那座山，但视角已经不一样了。

感受、经历与我们的“所见”相互影响，这是假想的主要来源。这就是为什么我们说，要创造属于自己的现实。我曾经听过一场非常精彩的演讲，后来却听说演讲者认为这次演讲效果一般，并为此烦心。我曾在川流不息的马路上开车，面对在马路上从容穿行的路人，我提心吊胆地坐在车里，而他们居然一点也不担心自己会被撞到！那么究竟谁的感受是正确的呢？

当你必须要创造自己的现实时，请注意以下事项：

恐惧会扭曲现实。每当恐惧袭来，人们会选择逃避、拖延和否认。我们以为，几乎所有事情都是明确而具体的。只有善于和模糊环境相处的人才不会逃避，且往往只有这些人才能成为优秀的领导者。

不确定性会打乱重要的思考过程。与找到问题的原因或者得出确定的结果相比，我们倾向于选择原地不动。但是这样一来，我们会处于被动的境地，错失变得更聪明和更果断的机会。

懂得面对是一项重要的生存技能。若不直面恐惧、证实猜想、验证所见，我们的生活终将受到他人和自己错误猜想的影响。面对并非敌对，而是从错误中选出真理，从幻想中发现真实。

必须让内心的摇头怪兽永远闭嘴。害怕说话、害怕写作、害怕行动终将导致消极和平淡的结果。更致命的是，我们会选择向控制屈服。

> 比失明更糟的是有视力无视野。
>
> ——海伦·凯勒（Helen Keller）

信仰决定态度，态度反映行为。我们曾在前文提到，要有意识地检验和改变自己的信仰与态度。现在我们认为，还要定期检查自己对周围环境（即自己创造的环境）的看法，而不是单纯地相信自己所听所见的一切。仔细观察，你便能验证假设的正确与否。

专家们曾一致认为，饭后一小时内不宜游泳。因为在饭后一小时里，血液中氮的比例会升高，进而影响肌肉活动。因此我总是掐着时间，少一分钟都不行。但是我们从未看到有人因饭后游泳而痉挛或者溺水。不过我仍然好奇其中的科学奥秘。同样，曾有一篇权威新闻说，头部散发的热量要大于身体其他部位散发的热量，为此很多家长坚持让孩子戴帽子。实际上，头部散发的热量和身体其他部位散发的相差无几。

因此只有将感觉与知识相结合，才能保证后者不会被前者的错误诠释带离正轨。德国牧羊犬体内拥有的嗅觉细胞要比人类多六百多万个，而小猎犬的嗅觉细胞又要比德国牧羊犬多六百多万个！总之它们的嗅觉要比人类灵敏得多，可它们从不妄加猜测。

当你开始怀疑自己的信仰时，请重新审视自己的态度，评估自己的行为。请在生活的旅程中随时保持清醒，保持警惕。

第5章

突破性格枷锁，进化究极“强心脏”

“日常问答”补短 6 种性格优势

我们在介绍 U2 乐队的主唱波诺（Bono）的时候，一定会给他加上定语：摇滚明星。这个修饰词的位置非常灵活，可以是：

摇滚明星波诺……

波诺是一位摇滚明星……

毫无疑问，人们常常用一个或多个众所周知的特点去定义他人，比如游泳运动员迈克尔·菲尔普斯（Michael Phelps）或者著名歌手 Lady Gaga。但是过于注重头衔容易让人误以为，某人的身份过于单一和稳定。实际上，每个人都无时无刻不在变化和成长。

几年以前，我（马歇尔）有幸在一场慈善募捐会上与波诺坐在一起，当时我已经 66 岁了。虽然波诺的音乐早在 20 世纪 70 年代就开始流行，但我从未听过他任何一首歌。不过所幸他并未和我谈论他的音乐，而是同我分享了他的生活。在了解他的故事后，我发现波诺的生活是许多人的榜样，他是人们眼中的靠谱好青年。因为他虽然改变了自己的行为、身份或者别人对他的定义，但仍保有纯真，没有丝毫惺惺作态。波诺虽然出生在一个平凡的家庭，却对虚荣与炫耀嗤之以鼻。他说和朋友待在一起最为开心，因为他既不用包装身份，也不用在乎名利。此外，波诺还热衷慈善事业。

不管是在我们的交谈中，还是在餐后的致辞上，波诺总是喜欢自嘲。在和我交谈时他显得平易近人，甚至还因说了几次以“F”开头的单词而向我道歉。我发誓，我一点都不在意那些脏话。作为一名“年轻人”，我还以为大部分的名词前都要加上这类形容词呢！

在接触到摇滚乐后，这名“靠谱好青年”就成了一个不折不扣的“摇滚迷”。一说起那些赫赫有名的音乐人和儿时对摇滚的痴迷，波诺的眼睛里就绽放出耀眼的光芒。

波诺的另一个身份是音乐人。他非常享受创造的过程，并且为自己的作品倾心付出。波诺最广为人知的身份是“摇滚明星”。毋庸置疑，他喜欢当摇滚明星的感觉，也很享受这个身份。

总体看来，波诺有四种身份：靠谱好青年、狂热的摇滚迷、音乐家和摇滚明星。不过生活的历练又让他拥有了慈善家这一新角色，这是一个让他更为激动和在意的身份。波诺向我讲述了他 20 世纪 80 年代在非洲的经历（我曾随红十字会去非洲当志愿者，所以感触颇深）。他说自己非常想帮助那些最需要帮助的人，减少他们的痛苦。波诺确实言出必行，他举办慈善和音乐活动，一生中大部分的时间都在帮助他人，致力于让世界变得更加美好。

在致辞中，波诺从未有过任何恶意中伤政治家、政府人员和机构的言论，即便他确实有这样的机会。他从不炫耀自己有多聪明，只是筹集善款以帮助需要的人。每当他人用各种方式提供了帮助，波诺便会一一向他们表示真挚的感谢。他是一位具有强烈使命感的人，他并不是在扮演一个慈善家，他本来就是慈善家。波诺从未陷入别人对他的定义，而是努力活出想要的自己。

有一次，我（艾伦）在登机口候机，看到一个背包孤零零地落在不远处的一张椅子上。我观察了20分钟，但期间没有一个人领走它。当时我觉得肯定会有人向机场的工作人员反馈，或者工作人员应该会注意到这里有个无人认领的背包。毕竟我只是一名总在“飞来飞去”的顾问，并没有义务承担失物招领的工作。说不定机场比我想象中的更安全呢？

但是背包周围人来人往，我有点坐不住了，便起身找来一名安保人员。他向我表示感谢，然后开始调查背包。后来觉得自己不该做这件事，因为说不定有人会说：“艾伦，这可不像你啊，你才不会受到外界的干扰呢！”

我举这个例子是想说明：有时候身份或想法的改变并不意味着虚伪。我们要允许自己在人生之路上扮演新角色，承担新责任。不过在改变的时候，我们不仅会彷徨迟疑，还会反复地问自己：“我怎么会……”

◎ 告诉老师今天的作业太多了?

◎ 要一道菜单上没有的菜?

◎ 向一群人发表这种主题的演讲?

◎ 毛遂自荐，成为募捐委员会的会长?

◎ 建议议员在某个危险的路口增设指示牌?

我希望你能主动接受人生中的新角色。从前，你对某事的评论或干预可能显得格格不入，而现在新角色会让你不再是一名局外人，或许你从来都不是局外人。大部分人都很喜欢改变的感觉，也很享受真正改变后所带来的成就感。很多酒店和航空公司之所以会在我们退房或下机后发来调查问卷，就是为了朝着正确的方向改变，从而为客人提供更好的服务。

随着环境的改变，你的性格也会发生变化。罗伯斯庇尔（Robespierre）说：“任何人都不能走出自己的性格阴影。”但是成长能改变“光”的角度，阴影也会随之发生变化。

以下是六种为我们所熟知的性格特点：

◎ **聪颖：**一种利用严谨的逻辑思维解决问题和应对挑战的能力。这类人能分清见解与感觉的差别。他们善于学习，领悟力强，能活学活用。

◎ **果断：**一种发现和制造紧迫性的能力。这是一种目标驱动型性格。这类人不畏惧艰难险阻，勇往直前。他们总是寻找达成目标的方法，而不会找各种借口。

◎ **幸福**：丹尼尔·吉伯特（Daniel Gilbert）曾在书里写到，幸福不仅来自于生活中那些偶然的时机，还取决于我们创造“综合性”幸福的能力（生活中的挫折合情合理，只是我们不愿意承认这一点）。对我来说，失业是最好的一次经历；和胳膊脱臼、车祸或者没赶上飞机一样，它是生命的一部分。对幸福的向往及追求是每个人都具备的性格特征。

◎ **同理心**：这是一种强大且善良的性格。这类人善于站在他人的立场思考问题，理解别人的感受。无限的善良和真诚是难能可贵的品质，这种品质让消极攻击的行为自惭形秽，因为这种行为往往充满恶意，损人不利己。

◎ **待人友善**：这类人既愿意付出，也享受回报。尽可能多地奉献是这种性格的重要特征。内向不是消极，只是不愿意帮助他人或者结交朋友。心态健康的人喜欢交朋友并维持友谊。就像我们之前讨论过的那样，有些朋友可能会影响我们的生活环境。性格不会一成不变，友谊同样如此。

◎ **亲密真诚**：一个拥有坚强性格的人既能建立稳固的感情，也能承受脆弱的侵袭。我们曾训练过很多成长迅速的人，这些人有一个共同的特点：敢于直面内心的胆怯和软弱，能在他人面前展现自己的脆弱。

根据自己的实际情况，对以上六种性格进行打分：

1. 一点都不符合我（1 分）；
2. 我很少这样（2 分）；
3. 在特定情况下，我就是这样的（3 分）；
4. 一般情况下，这就是我（4 分）；
5. 我总是这样（5 分）。

性格	分数
聪颖	________
果断	________
幸福	________
同理心	________
待人友善	________
亲密真诚	________

你不用将分数相加，因为我们的目的在于，希望你能努力达到每一项性格的最高分，所以总分并不重要。重要的是，你的每一项性格必须达到 4 ~ 5 分。那么，哪一种性格是你的短板呢？

要塑造和完善相应的性格，你需要：

◎ **聪颖：**广泛阅读，内容可以涉及科幻、历史、自传、科学和哲学，不要让社交媒体成为主要的信息获取渠道。多看《纽约时报》(*New York Times*)、《华尔街日报》(*The Wall Street Journal*)等同类报纸；尝试解决几道字谜和数学题；多练笔或者向媒体投稿；多参加讨论组和策划组，充实自我成长的经历。最好的成长就是投资自己！

◎ **果断**：为自己设定“最后期限”，制定一天之中必须完成的两个优先事项（个人与专业领域）；在日历上记录你的计划进程，若失败了不要归咎于他人，请找出失败的原因然后努力克服；不要依靠他人或者等待他人的帮助；请让自己始终行驶在通往目标的路上。

◎ **幸福**：在任何情况下都不要轻言放弃，告诉自己失败是学习经验的过程，而从不尝试更会导致失败；充分利用机会；如果在改变之路上遇到阻碍，请及时向朋友求助，另寻出路，或者写下自己的志向；每天早上起床后，请好好思考自己如何才能有所作为；每天晚上睡觉前，请回想自己今天发生的一切，不论大事小事。请关注自己每一天的行为（性格）变化，而不是他人眼里的成就。

◎ **同理心**：他人在向你倾诉时，请思考自己经历过的类似情况，不要妄下结论，将自己放在师长的位置；而应该倾听和理解，并将自己放在和倾诉者相同的位置上。试着询问更多细节，鼓励对方诉说，即使你认为自己已经了解了事情的前因后果。

◎ **待人友善**：试想如果自己站在其他人的角度，会希望得到何种待遇。不要害怕付出，不要总是期待帮助他人后会有回报。你也不一定会立刻获得回报，这是事实，请接受它。

◎ **亲密真诚**：坦诚面对失败和逆境；向信任的人寻求建议；在他人遇到紧急事件时伸出援手，即使那不过是琐事或与你无关；努力不再受到私人问题和情绪的困扰。

我（马歇尔）认为，以上性格是成就更好的自己的关键因素。为了提醒自己时刻练习，变得更好，我每天都坚持做“日常问答”。

我雇用了一位职员，他每天都会打电话问我以下问题：今天，你是否努力让自己开心了？今天，你是否离目标更近了？今天，你有没有善待自己的妻儿和孙子？这些问题一共有 40 个，每一个都由我设定，目的是对人生的优先事项做一个简单的测试。在我回答问题时，对方通常会一言不发只是安静地倾听，顺带说几句鼓励的话。接着，通话就结束了。

通过对话，我坚定了要变得快乐和健康的决心。作为人生教练、老师和演说家，这是我繁忙生活中的“强心剂”，毕竟一年之中我有半年的时间都在飞往全球各地的路上。我将这种方法推荐给客户，时至今日，已有 5 000 多人参与了日常问答的线上测试。测试者在报告中兴奋地表示，测试非常有帮助，能让他们真诚地看待自己的价值观和优先事项。

日常问答是一种自律性方式，它让我们日复一日地思考，让我们变得更有责任感。就像水滴石穿，总有一天，最顽固的难题也会迎刃而解。改变之路不易，性格才是解决问题的关键。我们通过每天的待人接物来塑造自己。无论我们现在成功与否，都可以发展和完善更多性格要素，这才是面对人生风暴最正确的方式。

坚守底线，在生活的竞争中走得更远

当我们谈论符合伦理的行为（ethical behavior）时，通常是指：

◎ 与道德准则相关的行为；

◎ 好的或正确的道德行为；

◎ 回避对人、组织、环境有伤害的行为。

当我们谈论道德行为（moral behavior）时，通常是指：

◎ 与错误和正确的行为准则有关，与人性善恶有关；

◎ 在特定社会环境中被接受的个人准则下的行为；

◎ 坚持或展示合理行为下的最高准则。

现如今，社会看待伦理和道德的眼光与以往不同了。以前工厂能随意往江河中倾倒废料，而现在这种行为被明令禁止；以前人们捕猎只是为了得到杀戮的快感，没有人关心动物是否会灭绝，而现在这些人被冠以偷猎者的称号，将面临法律制裁。

这些例子都说明，在过去的 50 ~ 70 年里，人们的价值观发生了巨大的转变。在此，我将列举两种学派的伦理和道德观点：

功利主义（Utilitarianism）：由约翰·斯图尔特·密尔（John Stuart Mill）、杰里米·边沁（Jeremy Bentham）等提出，该理论提倡追求“最大幸福”（maximum happiness）。他们认为，让大多数人受益的行为便是符合伦理的行为，不管结果是否会有负面影响。

道义论（Deontology）：该理论从道德层面出发，侧重行为本身的好与坏，不注重行为的结果。德国哲学家康德（Kant）创造了绝对命令理论，该理论提出了一个基本问题：“如果每个人都这么做，那怎么办？”（在我的职业生涯里，对于那些希望获得特权的客户，我总是这样回答：如果我给了你特权，越来越多的人也会提出相同的要求，这样一来，情况就会变得一发不可收拾。）

以上道德与伦理的不同看法说明，对于人类而言，难题就在于选择正确行为。《怒海孤舟》(*Lifeboat*)由约翰·斯坦贝克[①](John Steinbeck)的小说改编而成。在这部电影中，幸存者被困在一艘破旧的救生艇上，只有减轻船的负重才能活命，减少船上人员的数量势在必行。那么到底应该谁走谁留？选择的标准又是什么？

这部电影与我们的人生之路又有什么联系？

生活中的竞争无处不在。虽然我们不需要像拳击手那样与人展开近身肉搏，却总要与他人比较绩效和成就。我们争空间，不管是在公路上，还是在电梯里；我们争时间，好让自己在会议上发表更多观点；我们争影响力，想要影响同事、影响上级、影响未来。我们还要与不可抗力因素竞争，比如内心的痛苦，生活节奏、身体状况与人际关系的改变都会给我们带来沉重的打击。有时候失败既不是由于自己失误，也不是源于他人干扰，只是运气不好而已。

竞争让人不得不做艰难的选择，它带来的压力迫使我们对既定目标、原则和价值观让步。这样的让步可能不符合道德规范，比如：某人急需一份稳定的工作，于是他在面试时谎称自己拥有本科学历。五年后，他成为公司高管，却被人发现学历造假。或者更糟糕的是，谣言传开后，其他人为了获得益处造谣他与第三方勾结。

正如我（马歇尔）在前文中所说，我从不赞成任何机构组织培训员工做有违道德的事。如果员工做了不道德的事，公司就应该立刻开除他们。可是有些公司竟能容忍这类行为，并认为“道德可以

①美国作家，代表作品《愤怒的葡萄》。——译者注

选择”。如果员工做出了不符合道德规范的行为，而公司只轻微处罚或者督导教育，那么犯错者根本不会意识到事情的严重性。

在此，我想用美国总统杰斐逊的话来阐述自己的观点：“关乎原则，应坚若磐石；关乎爱好，应紧跟潮流。”正确的道德观和行为能塑造优秀的性格秉性；而优秀的性格如同灯塔，引领着我们人生之路的前进方向。

学习 + 规划，收获“高幸福值”“高意义值”人生

蜕变之路不是一场华而不实的旅程，而是一个脚踏实地的过程。在这个过程中，我们日积月累地坚持做一件事（或者几件小事），而不是等待天上掉馅饼，然后飞黄腾达成为人生赢家。小孩子的蜕变过程很快，可为什么成年人的蜕变很慢呢？那是因为对于成年人而言，蜕变需要精心规划。如果不刻意付诸行动，结果只会一成不变。

看看周围的朋友、同事和熟人。有多少人在筑巢后就不愿挪窝，停止成长？有多少人不愿改变，只求舒适和享受？但正如前一章所说，我和艾伦都已是古稀之年却仍在改变。

沙奎尔·奥尼尔（Shaquille O’Neal）不仅是 NBA 球星，在赛场外他还攻读哲学博士学位。迈克尔·斯特拉汉（Michael Strahan）曾是纽约巨人队的明星球员，现在已成功跨界成为一档晨间脱口秀的主持人，广受观众喜爱。美国第 39 任总统吉米·卡特（Jimmy Carter）卸任后成了一位国际督察员，在备受大家尊敬的同时，他

还活跃于各种国际会议场合，呼吁保护人权。

我们认为，每个人都应该有一些总在努力和前进的朋友、家人、同事。我（艾伦）的祖母曾短暂在医院住过一段时间。当时医生说，79 岁的老人能有这样的身体已经很不错了。实际上，我祖母那时已经 85 岁了。后来我们问祖母为什么要谎报年龄，她说：“因为过了 80 岁，医生就不会把你放在心上。”

我大四时曾在罗格斯大学的学生办公室工作。一天，办公室主任询问我这一年的生活情况。我说我过得非常好，甚至获得了一种前所未有的对时间的掌控感。他告诉我：“这就是学习的力量，它带给人与众不同的感受。”

蜕变之旅就是一段积累能力的过程，而能力来自于学习。

我曾为美国专业讲师协会凤凰分会做过一次慈善演讲。那是一个炎热的夏天，连树荫下的温度都高达 40 摄氏度。为了赶在气温还未上升前结束演讲，我将演讲时间安排在早上的 8：00。我在 7：30 到达现场，但燥热的天气仍然让我浑身无力，感到烦躁。

我想提前热身、熟悉环境，于是喝了几口咖啡便走进了会议室。让我惊讶的是，座位前排已经坐了一男一女。等走近后，我的惊讶变成了震惊。坐在前排的男士是美国专业讲师协会的创始人卡韦特·罗伯特（Cavett Robert）。他将近 90 岁了，虽年事已高但名满天下。坐在他旁边的是他的女儿李·罗伯特（Lee Robert），他们俩是我的熟人。

“您怎么会在这里？”我立即向他打招呼，我之前并不知道他要来。

李·罗伯特以为我是问他们为什么坐在第一排，于是她解释说：“父亲的听力不如从前了，只能坐这里。”

不过卡韦特听懂了我的意思，他回答道：“我来学习呀！你要好好表现啊！”

大名鼎鼎的卡韦特居然在 6 : 30 起床，从市郊赶来听我演讲！为了答谢他的热情，我使出了浑身解数，只为做出更精彩的演讲。尽管已近 90 岁高龄，但卡韦特的学习热情从未冷却。所以，只要意志力够强，每个人都能成功。

因此，我们要不知疲倦地学下去，同时还要在以下五个方面获取能量：

◎ **健康。**既然身体总处于变化之中，要怎么做才能永远保持健康？也许你需要思考以下问题：我应该在什么情况下积极主动，在什么情况下消极被动？哪些是谣言，哪些是事实？哪些运动最适合我？

◎ **金钱。**在不同的人生阶段，你需要多少钱才能过上想要的生活？你的投资策略应该做出何种改变？你能承受多大的风险，以及应该承受多大的风险？

◎ **关系。**那些长期持续的坏关系是否值得被修复（或者抛弃）？你是否为自己的事业发展了新关系？你是否努力扩大交友圈以提高自己的格局，创造更多的生意机会和促进自我成长？

◎ **幸福。**你是否在扩大幸福的来源？如果对你而言，用柠檬制作柠檬水是一种幸福，那么你是否能将幸福变为产业，创建一家生产柠檬水的工厂？你是否在为他人创造幸福？你是否与朋友和家人分享过自己的幸福？

◎ **意义。**幸福与意义息息相关。很多人乐于追求意义，实际上，我们更应该创造意义，这就包括永恒的幸福。

我们应该学会独立思考，勇敢地创造只属于自己的生活意义，防止媒体和社会等外界因素干扰我们的视线。只有这样，你才能拥有属于自己的“人生风暴”。图 5.1 能够清楚地阐明幸福与意义之间的关系。

图 5.1 中第Ⅲ象限指“苟延残喘”。处于这一象限的人既活得不开心，也看不到生活的意义。他们觉得自己与世界格格不入，甚至有轻生的念头；他们既没有生存的资本，也没有生存的渴望。

图 5.1 中第Ⅳ象限指“奉献”。在这个象限里，意义值很高，但幸福值很低。处于这一状态的人往往深陷于工作、事业或目标，认为除此之外，世界上没有任何东西值得争取或珍惜。这类人通常长

时间待在办公室里，沉迷于志愿者工作，并且还能够长期忍受糟糕的婚姻和人际关系。

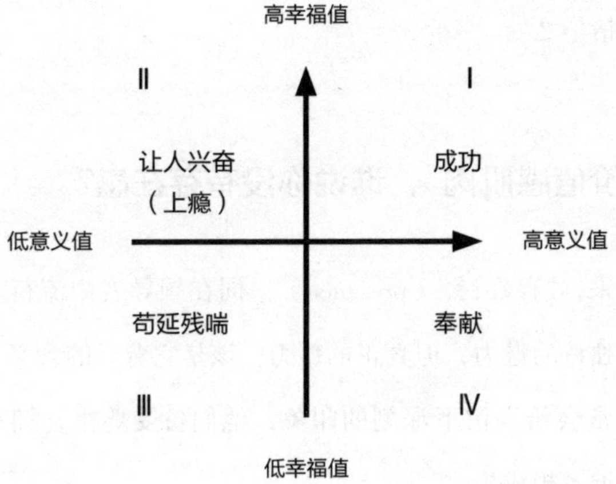

图 5.1 幸福与意义

图 5.1 中第Ⅱ象限指“让人兴奋”状态，或者说“上瘾”状态。在这个象限里，幸福值很高，但意义值很低。处于该状态下的人有可能沉迷于毒品和酒精；可能会疯狂运动，其运动量远远超过身体的负荷能力；也可能会暴饮暴食，或者成为工作狂。有的上瘾症状可能并不明显，却每时每刻都在消耗着人的健康。

最后，我们再来看图 5.1 中第Ⅰ象限：成功。在这一象限里，人们过得非常开心，创造了有意义的生活。他们认为生活丰富多彩，也明白幸福与意义的关系。

我们认为，不仅没有人能在不创造财富的情况下大肆挥霍，也没有人能在不创造幸福的情况下就过得舒服自在。任何人都不可以只索取不付出。

意义和幸福是我们通往美好生活的灯塔，二者合而为一就是人生风暴的精华之处。

锻炼“价值感肌肉”，谁说你没有存在感？

近年来，“存在感”（presence）一词在领导者中流行。虽然这个词有其独特的魅力，但真正的魅力应该是它背后的含义：有存在感的人通常会给人留下深刻的印象，他们备受尊重，拥有强大的号召力。谁不想成为：

◎ 说话从不会被打断的人；

◎ 引起轰动的人；

◎ 发言能产生即刻效应的人；

◎ 他人争先恐后加入自己团队的人；

◎ 承认错误不会招来冷嘲热讽的人；

◎ 总能从怀疑中受益的人；

◎ 能推动 / 阻止一项新理念实施的人；

◎ 他人心中理想的团队伙伴和晚宴嘉宾。

我们可以在蜕变的过程中获得存在感。存在感不需要努力学习就能得到。它与学习经验、获取新知识、变得勇敢和获得尊敬（自信）不同，不需要日积月累，也不是结果导向的能力。你可能已经是一位有存在感的人，只是自己还不知道罢了。

我曾与一家业界前沿的 IT 公司合作，凡是这家公司的大型会议都由我主持。在会议上大家各抒己见，讨论得热火朝天，完全没有停下来的意思。期间，我没有说过一句话。

大约 30 分钟后，大家突然安静了下来，于是我慢慢走到展板前。我先是画出了该公司当下所处的位置和以后预计所处的位置。然后我列出了三种改变的方案。我建议大家应该多关注改变带来的好处以及相应的风险，并从上述三种方案中选择自己最认可的一种。大家纷纷赞同这种做法。

对我来说这种事情很平常，我是一名顾问，只是在做该做的事情。不过我的公关总监后来告诉我，我能震慑听众的能力让客户印象深刻，于是他们决定让我成为公司的“改变专家”。可是我从不认为自己是个有存在感的人。显然，多年的经验已经让这种品质逐渐根植于我的体内，而我自己浑然不知。如果我能在日常工作中不小心锻炼出存在感，那么你只要肯努力也一定能做到。

如果用谷歌搜索“存在感”，你会看到5亿多条相关内容。这样的信息量实在是太大了，所以我们化繁为简。在第2章，我们知道，拥有自我价值感的人能力也很强。你可以将价值感看成一块肌肉，要不停地锻炼以防止其萎缩。所么请每天像锻炼自己的肱二头肌和肱三头肌那样锻炼你的“价值感肌肉”。

或许你可以将价值感看成一种能引导你变成某种人，或进入某种状态的行动，也就是我们所说的变得自信。具有强大存在感的人都非常自信。

从图5.2可以看出，若你取得了成功，他人便认为你值得尊重；若你不幸失败，他人便只当你是无名小卒。价值感很容易受到竞争、周围环境及家人等外界因素的影响，这些外界因素都会给人的身心带来致命打击。如图5.2所示，不仅生活会有起有伏，自我价值感也会随着外界因素而上下波动。

然而若价值感是一个固定值，那么即便生活变化无常，我们的内心也会稳如泰山。这便是自信！我们在变得自信以后，就不会再为输了比赛或者没被选进球队而伤心，也不会再为赢了比赛或被选入球队而疯狂。

那么有存在感的人都具备哪些品质呢？

◎ 准备充分，了解时事，客观公正。

◎ 能准确表达思想，灵活运用语言，善于利用隐喻、词汇、例子和语调的变化。

◎ 言简意赅，话语简练，只说重点，从不啰唆。

◎ 富有幽默感（特别是自嘲），擅长通过故事阐述观点。

◎ 慷慨大方。主张有福同享，有难同当，而且永远都会主动买单。

◎ 有分寸。遇事不会慌张，能审时度势，从全局的角度思考问题，避免极端思维。

◎ 自信。明确自己的优点，保持微笑。

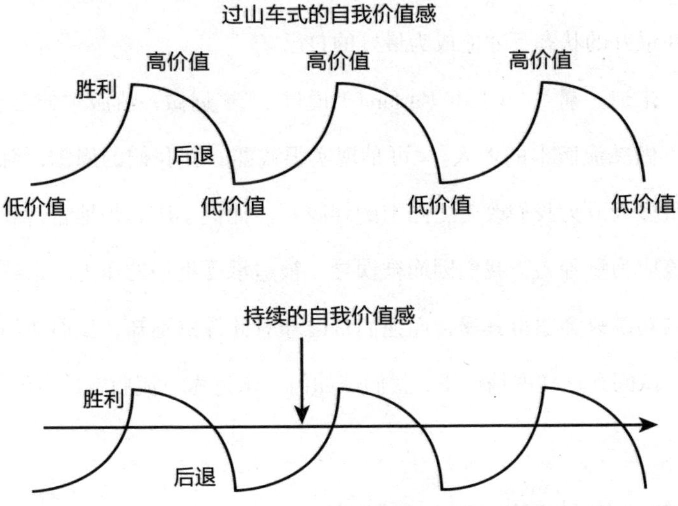

图 5.2　自我价值感

任何一位见过比尔 · 克林顿的人都说，他的存在感很强大。不久前，我与民主政治策略家詹姆斯 · 卡维尔（James Carville）聊过天，后者是我当时的特邀发言人。我问卡维尔，为什么克林顿会有如此强大的存在感。卡维尔举了一个例子：每次走进会场，克林顿都会先望向那些紧张、职位低下及看起来格格不入的人，然后向他们点头示意。此外，为了缓解尴尬，他会首先打开话题。后来我每到一个新的地方做演讲，都尽量让自己也做到这一点。

在成长的路上，我们要让自己成为有存在感的人。做到这一点的关键是我们要有坚定的价值观，不被结果扰乱思绪，不因他人的看法而改变态度，不因人生的起落而失去方向。讽刺的是，人往往只在最好的状态下才能成为最好的自己。

朱迪·嘉兰[①]（Judy Garland）说过："永远做一流版本的自己，而不做二流版本的他人。"可是现实很残酷。在我们的周围，总是有很多人成为我们改变之路上的绊脚石。他们不厌其烦地告诉我们应该成为哪种人，我们因而被误导，被迫承受世俗的压力。最终他们的劝说只会适得其反，而他们自己却对此浑然不知，反而沾沾自喜。试问在这样的情况下，我们该如何"永远做一流版本的自己"？

稳住人生动荡期的 4 个秘诀

性格与自信相互影响，相辅相成。它们会彼此促进，也会彼

①美国女演员及歌唱家。1939 年出演超级歌舞剧《绿野仙踪》并获得第 12 届奥斯卡青少年奖。——译者注

此削弱。彼得·德鲁克曾经写过一本书，名为《动荡时代的管理》（*Managing in Turbulent Times*）。如今动荡已然成为时代的常态，对此我们只能先习惯它，然后再战胜它。

动荡时代有以下几个特点：

◎ 不在乎隐私；

◎ 交流具有即时性和不可逆性；

◎ 竞争全球化；

◎ 科技发展迅速；

◎ 人口数据不断变化；

◎ 远程学习；

◎ 儿童课外课程选择广泛；

◎ 压力倍增；

◎ 虚拟现实出现在商业和个人生活中。

我们应该如何面对它们？即使内心坚定，我们也对如何进步毫无头绪，更别说一直坚持，迎头而上了。为了继续按照自己规划好的路线前进，你会采取什么行动？

以下秘诀能够让你在这个动荡的时代坚定信仰，朝着目标勇往直前：

创造一种支持体系。很多人会因受到好友和家人的打击而失败，如别人对他们说“你做不到”“你能力不够”。在这种时候，你需要的是能给予自己真挚反馈的人，是愿意和你一起走上改变之路的人。而在这个过程中，你要对伙伴坦诚，对自己真诚。在你的人生风暴里，他们会时刻监督你，如果没有他们，那么人生风暴很容易就会变成令你痛苦的疾风骤雨。但要牢记一点：你才是支持自己改变的关键。

明白行为比胜利更重要。总是走在正确道路上的人就一定能成功。面对成功与失败，我们最好保持平常心，不用过于计较。如果你总是靠阴谋诡计获胜，最终一定会筋疲力尽。信仰系统主要推崇的是行为而不是胜利。行为构成了你的潜在能力和默认习惯，不管在任何情况下，它都让你受益匪浅，比如大方的人虽然总是慷慨付出，但他们也总能轻松获得他人的尊重。

追求优秀，而不是完美。过分追求完美会扼杀成功的可能性，因为人绝对不可能完美。世界上没有一架绝对完美的飞机、一顿绝对完美的晚餐或一段绝对完美的关系。然而为了追求永远不会实现的完美，我们总是在拖延、耽误和推迟行动。

一旦尝到了成功的滋味，你就会愈加主动，改变的进程也会加快。因为你已经接受了自己的前进路线，并在正确的道路上而不是幻象构建出的完美路线上行进。

在 2017 年那场精彩的超级碗比赛中，汤姆·布雷迪（Tom Brady）所属的新英格兰爱国者队在前三场中惨败，最后却在第四场实现惊天逆转。这可能是史上最激动人心的一场比赛，布雷迪也因此连续五年成为超级碗冠军球员。布雷迪和他的球队并不完美，但他们凭借刻苦练习和不懈努力的精神，打赢了一场又一场比赛。

知道何时退，何时进。中国有句谚语：赔了夫人又折兵。在这种情况下，我们要做的是及时止损、停止前进，不管你多么珍惜和在意自己的目标。愚蠢的赌博者认为，只要一直玩下去就会有好运气。而通常情况是，他们只会一头栽进赌局里，根本不可能出来。（在图 5.1 中，这类人就处于第Ⅱ象限：上瘾。）

讨厌的老板、糟糕的夫妻关系、不听话的孩子、繁重的责任等所谓的“苦衷”让我们不堪重负。如果你不能改变环境，不能让事情主动变得更好，那么请立即跳出这些怪圈。

我曾与一家污水处理公司合作。这家公司在行业内永远排在第三，远不及另外两家巨头企业。后来我建议该公司，最好能将业务转向污水管理及循环使用技术，在细分领域内精益求精。这是一项重大转变，但改变的结果很好，该公司很快成为行业的龙头。

我也曾和一位大型报社的记者交流，当时，他不停地抱怨自己不仅工资低，还需要经常加班，此外报社的设备老旧，老板也非常专横。当我建议他辞职时，他却激动地叫道："你在开玩笑吗？我热爱这份工作！"

因此只有你足够自信，你的格局才会变大。翻过一个山丘之后，你会发现以前生活中遇到的不过是短暂的动荡而已。只要使用上述秘诀，你就能在人生之路上坚持既定目标，把握好性格与行为之间的平衡。到那时，你将成为一名性格稳定、气场强大的成功人士，你将能理智地面对每个动荡时期，朝着终点继续前行。这样的你即使仍不完美，却有不达目的誓不罢休的气魄，这将帮助你实现梦想，变成想成为的人！

精准提高人格影响力

正式领导（formal leadership）崇尚等级体系，处于这种状态下的领导者认为头衔就是地位。非正式领导不在意等级，这类领导者的特点是：

◎ 尊重能力；

◎ 懂得尊重，能同甘共苦；

◎ 任职期长；

◎ 擅长做决定，会做出最好的选择；

◎ 有团队意识，能相互扶持；

◎ 信任他人，信守承诺，不错过截止日期，承担责任；

◎ 有魅力，他人愿意跟随。

要成为一名崇尚等级制度的正式领导者很简单，但是头衔并不能让你成为一名伟大的领导。那么我们该如何发展领导能力？常言道，将才不打无准备之战。为此，我想给你提出一些建议。

学会感谢、包容错误。我们喜欢用“不好意思”（my bad）取代“我的错”（my fault），来表示自己做错了事。前者无形中抵消了后者具有的正式性，可即便如此，我还是倾向于选择前者。这不是说做人要避重就轻，也不是说要否认事实，而是说我们要学会采用更加柔和的方式。不过，很少人会说“是你的错”（your bad）。优秀的领导者会在下属、同辈或上级犯错时，暗示他们下次还有机会做得更好。“不好意思”其实就是在说：错误到此为止。

在赢得比赛后，为了表示感谢，很多专业的橄榄球四分卫会为进攻内锋送去礼物。他们知道，如果没有进攻内锋的奋力冲刺，自己绝不可能获胜。正是这些进攻内锋的存在，才保证四分卫可以在场上专心地投球得分。生活中，这样的“进攻内锋”不在少数！虽然他们不一定真的需要礼物，但他们需要得到应得的感谢。在获得奥斯卡金像奖、艾美奖或托尼奖[①]的时候，很多人都会感谢幕后的工作人员。感谢的话语不需要新意，但一定要让对方体会到其中饱含的真情实感。

①托尼奖设立于 1947 年，被视为美国话剧和音乐剧的最高奖。——译者注

其次，希望你学会道歉。承认错误是一回事儿，道歉又是另外一回事儿。“对不起”和“我道歉”的意义往往在“不好意思”“哎呀”或者“还好吧”等词的笼罩下变得模糊不清。道歉能让灵魂得到释然，是一种消释仇恨和不满，选择原谅，继续前行的方式。

合理的道歉应包含以下三步：

1. 承认自己犯下的错误。不要找借口，也不要试图解释。

2. 正式道歉，说具体原因。“对不起，我让你没去成舞会。”“对不起，我浪费了你精心准备的食物。”“对不起，我迟到了却没有提前通知你。”

3. 请求原谅，弥补过失。“我希望你能够原谅我，下次我一定做好，保证不会再犯。如果现在我做什么能弥补错误，请告诉我。”在感受到你的真诚后，人们通常都能接受你的道歉，或者愿意接受你的补偿。

追求共识，而不是胜利。共识是解决问题的方法，而不是结果。检验强大领导力的一项重要指标就是：是否能够在意见不合、见解不一的情况下得出大家都支持的观点。试想，你是否为了获胜，在一次辩论或者比赛中强迫他人妥协？你是否希望有机会能让各方达成共识，相互获益？领导力强调的是包容性，而不是极端性（这就是为什么政治上的领导力不是真正的领导力）。

不要害怕做出艰难的决定。这是优秀领导者的标志性特点。而解雇、斥责、调动或惩罚都是平常事。暂停一项不受大家认可的计划，放弃某个模糊的目标，这种稀松平常的事情每天都会发生在商业、家庭、教育、非营利机构甚至演艺圈中。一旦事情被搁置，忽视的时间越长，腐烂的程度就越深，最后只会有百害而无一利。

制定和保持组织与准则。你是否擅长做以下事情？

◎ 如期完成任务；

◎ 兑现承诺；

◎ 快速完成任务；

◎ 快速找到所需信息；

◎ 合理规划时间；

◎ 制定正确的优先事项；

◎ 评估潜在风险；

◎ 确定和调动资源；

◎ 根据任务建立团队；

◎ 快速有效地做决定；

◎ 快速正确地解决问题；

◎ 提出新理念。

以上是搭建组织和制定准则的具体要求。请记住这一公式：组织 + 准则 = 效率。

正式或非正式的指导，对于你的成长也非常重要。不管是处理工作关系还是家庭关系，我们都认为指导优于命令。在与父亲谈话时，若我触及他的原则，他总是说："不要看我怎么做，按我说的来！"这种命令式教育并不会让人信服，所以我从不这样对待自己的孩子。

如果你在某个人生阶段想跻身公司领导层，请严格执行以上几点。不过很多人的管理职位都是在命令接踵而至或慌忙之中获得的，他们往往在一段时间后才发现，自己的管理能力和领导能力不足以支撑其成为管理者。如今随着社会压力的不断增加，给予人们思考改变，以及实现个人发展的时间越来越少。而进入领导层的机会越多，便意味着能用于学习的时间就越少，二者呈负相关。但领导力确实是一项非常重要的技能。由于时间有限，我们不得不在工作中学习，向同事请教。

马歇尔和他的同事霍华德·摩根（Howard Morgan）研发了一种领导力发展八步骤模型，这种模型既不需要花太多时间，也不需要很多准备工作。现在，已有很多领导者将该模型应用于自己的发展计划当中。

◎ **问。**询问他人："我要怎么做才能成为一名优秀的……（经理、伙伴、团队成员等）？"如果你想变得更好，却不知该如何做，请多问问题。

◎ **听。**多听他人的回答。

◎ **想。**思考他人说的话。

◎ **谢。**感谢他人和你分享有效的反馈。

◎ **答。**对他人的话给予积极响应。

◎ **关心。**关心周围支持你改变的人。

◎ **变。**改变不是一个理论行为，应学以致用。

◎ **跟踪。**每天跟踪工作，股东们会注意到你听取了他们的意见，看到你采取了积极的行动。若想实现实质性的改变，这一步非常重要！

这一过程会对发展领导力产生重要的影响。请让每一步都简单、积极、有效，久而久之，成效就会显现。

现在，差不多到了本书的中间部分。在此之前，我们花了大量时间讲述性格和蜕变的重要性，对于我们今后领导力的发展，这两者尤为重要。

在蜕变时，我们会不时地关心自己的成长进程。除非你有具体的成功标尺，否则很难准确测量自己做得好不好。在水手中间，流传着这样一句话：“如果你不知道停靠港在哪儿，那么遇到的海风就不是好风。”

我曾帮助一位 CEO 解雇了他的副总裁。我告诉这位 CEO，由于副总裁整日担心自己会被解雇，所以他的工作和生活都很不开心。如果能让他体面地离开公司，还他以自由，他可能会开心得多。CEO 松了一口气说，他之所以一直把他留在身边，是因为担心他觉得丢脸。其实那名副总裁的工作表现很糟糕，与同事的关系也不好。

我也曾帮助一位 CEO 解雇一名非常傲慢无礼的销售副总裁。这位副总裁认为他是公司前 CEO 的儿子，所以没人能动他。经过调查，我发现公司里所有的员工都认为，他的行为已经有碍 CEO 的管理，而他完全没有意识到。这一点非常恐怖，于是 CEO 立即开除了他。

坚定而迅速做出的艰难决定（通常是不得人心的决定），能从侧面反映一个人的强硬性格。如果你希望员工喜欢你，首先应获得他们的尊重。

在此，你可以通过以下问题，对自己做个简单的评估：

◎ 在什么情况下，你会感谢他人，接受批评，并和别人分享成功的喜悦？

◎ 你是否欠他人一个道歉？如果是，你打算何时道歉？如果没有，你是否愿意在发生不愉快的事后开诚布公地道歉？

◎ 当你的意见和别人存在分歧时，为了一个共同的目标，你是否能让大家努力达成共识？

◎ 你是否会做出艰难的决定？或者说，你是否拖延着不做决定，甚至让他人代替你做决定？目前你最困难的决定是什么？对此你有何打算？

请根据以下标准，为自己的技能打分，最后，算出你自己的总得分。注意，“还需努力”为 1 分，“还不错，但不能一直如此”为 2 分，“执行得很好”为 3 分。

技能	分数
如期完成任务	________
兑现承诺	________
快速完成任务	________
快速找到所需信息	________
合理规划时间	________
制定正确的优先事项	________
评估潜在风险和回报	________
确定和调动资源	________
根据任务建立团队	________
快速有效地做决定	________
快速正确地解决问题	________
提出新理念	________

一位合格的领导者应该获得 36 分的满分！

性格犹如指南针，指导着我们的行为和世界观。根据本章的阐述，我们已经了解了性格形成的因素。在人生蜕变之旅中，我们可以利用这些因素进行自我提升，但是随着年龄的增长，性格不会无缘无故地主动来到你身边。

性格决定道德行为。在这个崇尚伦理道德的社会里，合理的道德行为是社会的基石，影响着市场交易。性格既能帮助我们创造影响力，也能赋予我们存在感；性格让我们在面对动荡时代时能淡然处之，让我们在正式和非正式领导之间随意转换；性格能支撑我们做出最艰难但必要的决定，而这些往往都是他人忽视、逃避和放弃的决定。

人生风暴是一场旅程。在路途中，你将下定决心开启内心最向往的未来。当然，这个未来你值得拥有。我们要承认，虽然未来的人生目标总在不断变动，但在每个成长阶段它都是既定的。我们可以影响世界，世界也会反过来影响我们。所以世界并不会完全决定你的自我发展。不过若你在蜕变之旅上好高骛远、不负责任，甚至忽视内部控制与外部控制的相互作用，那么世界一定可以左右你的未来。

偏离发展轨道，迟迟不肯改变，以及选择一条既平坦又平庸的路都是屈服于外部控制的行为。我想你一定有过这种经历：你很生一个人的气，而那个人对你的愤怒浑然不知。“早知道昨天就告诉他”或找机会报复，又或是向所有人抱怨自己的不满，这些都不是强者会有的想法。即使被对方伤害，仍选择原谅并从中吸取教训才是强者应有的性格品质。我相信这种经历一定会让你有所成长，助你找到人生道路的正确方向。

因此我们的观点是：每个人都会在错误的时间，以错误的速度，走在错误的道路上，最后到达我们不想去的地方。可这不失为一次历练和成长的机会。有一次，我的女儿觉得受了委屈而哭泣，我告诉她：“哭没有用，不能解决任何问题。”

我的儿子在一旁听到了这句话，后来他问我：“那什么才有用？”

“强大的性格。只有强大的性格才能帮助你和他人。”

第6章

抛掉关系“垃圾”，扫清通往蜕变之路

令人怦然心动的人际关系整理术

美国人似乎特别喜欢购物。《洛杉矶时报》(*Los Angeles Times*) 曾报道，平均每个美国家庭购买的商品有 30 万件！不过美国人也喜欢处理旧物。

在日本，近藤麻理惠（Marie Kondo）因其魔法般的整理术而风靡全国，她的书《怦然心动的人生整理魔法》(*The Life-Changing Magic of Tidying Up*) 也在美国成了畅销书。显然，美国人希望有谁能告诉他们，如何处理那些不会让人“怦然心动”的物品。其实，这从侧面说明了美国的消费文化，也透露出美国人对循环式改变的着迷：旧的不去，新的不来。此外，他们还十分依赖专业人士的建议。

作为一名顾问和教练，对于在专业性较强的领域中工作的客户，我建议他们每两年就解雇公司中没有晋升潜力的底层员工，人数为底层员工总数的 10% ~ 15%。因为这些人尽管在自身的成长过程中，能从不同方面为公司带来改变，但从长远的角度来看，意义并不大。我也建议自己的客户能有针对性地挑选他们的客户，这样一来，他们就可以把更多的时间和资金投资在最忠诚和最具潜力的对象身上。

不过我不建议放弃所有客户！我也不建议你放弃所有习惯。鉴于有些关系会拖累你，那么哪些关系该继续维持，哪些关系该结束呢？对于商业人士，我建议他们放弃以下几种客户：

◎ 总是出问题并抱怨琐事；

◎ 没有任何潜在的商业价值；

◎ 不会做生意；

◎ 有不道德或可疑行为；

◎ 不再符合你的目标和价值观。

同样，我们还有类似的，用于决定应该维持和结束哪种关系的准则。首先我们来看看这二者之间的动态平衡，如图 6.1 所示。

在开始讨论之前，我们要先弄清楚几件事。我们并不是说，如果你的长期客户或者老朋友不再适合你，你就要立马抛弃他们。我见过很多成功的客户，他们不论是收入还是社会地位都远超同龄人，却仍能与老朋友维持良好的关系。朋友不但不会嫉妒或疏远他们，反而对他们越发尊重。

有一位我暂且称之为杰克（Jack）的年轻人，他以喜剧演员的身份出道，摸爬滚打几年后才开始在电影圈崭露头角，受到观众的喜爱。后来，即使他已经站在了事业的顶峰，仍记得给当年一起跑龙套的伙伴送去生日祝福。在纷繁复杂的演艺圈中，杰克收获的友情要多于嫉妒。

一段该舍弃的关系（图 6.1 第Ⅱ象限），意味着它总是处于负面且不太容易改变的状态。在该状态下，我们遇到了喜欢贬低他人，有着不良生活习惯（比如吸毒酗酒）甚至总是违反道德规范、害人害己的人。该象限下的关系会令人身心疲惫。

我们之所以建议大家与这类消极人群解除关系，是因为他们会对我们造成伤害。如果你觉得突然离开一个小团体有点突兀，那么你可以限制自己与他们共同相处的频率、时间和亲密度。慢慢地，你就会发现自己已经逐渐淡出了这个小团体。

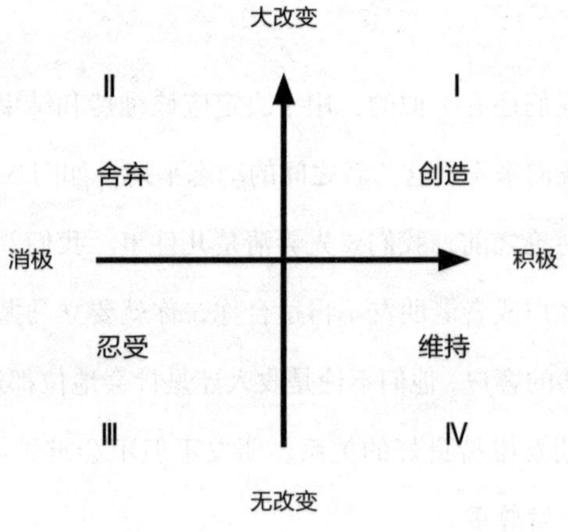

图 6.1　断舍离

舍弃一段长期维持的关系是件很困难的事，你有时甚至无法做到，因为某些人可能已经成为我们的人生羁绊。处在这种状态下（图 6.1 第Ⅲ象限）的我们尽管知道这段关系谈不上积极，但仍会选择接受并忍受它。也就是说，我们会与这种关系讲和。

有时候尽管合作伙伴是一位行走的负能量载体，但我们仍要接受他，这是因为他可能是这项工作的主要负责人。很多人会因为太喜欢自己的工作，以至于能够接受一位喋喋不休的老板。但如果你讨厌自己的工作，忍受可能不适合你。如果在家里你的父母亲总是矛盾重重，那么除非你与他们断绝关系，否则你不得不接受他们可能会在家庭聚会上吵翻天的事实。你若不接受现实，就会永远感到身心疲惫，浑身不舒爽。因此请随时做好准备，与这类关系和平相处。

我知道这做起来非常难！但你仍能做到，不是吗？我（马歇尔）有一位单身朋友，暂且称他为乔（Joe）。一天，他的母亲突然毫无征兆地搬进他家。

一连几天，他的母亲都只穿着睡衣在屋内走来走去，神神道道地预测着可怕的未来，偶尔还为现代世界忧心伤感。好在乔的脾气特别好，他只是笑笑，认为母亲是在说一个好笑的笑话，而不是在抱怨世界。乔认为母亲发脾气时特别有意思，他观察母亲发脾气就像在看《周六夜现场》[①]（*Saturday Night Live*）那样。显然，乔并未受到负能量的影响。

乔的状态属于维持（图 6.1 的第Ⅳ象限）。在该状态下，我们一定会维持本质上有意义的关系。这是积极的关系，我们都想维持下去。在这种关系下，我们将凭借自己的能力获得回报。

每个人都有从小玩到大的伙伴，不论距离远近我们都能长期保

①美国一档于周六深夜时段直播的喜剧小品类综艺节目。——译者注

持朋友关系。从实践的角度来看，有些朋友对我们很有帮助，如果我们在荣誉、改变和蜕变的旅程中迷失自我，他们便会伸出援手。不过我们不能夸大这些伙伴所具有的价值。

图 6.1 的第 I 象限为创造"全新的你"。在该状态下，我们会积极主动地创建一段全新的关系。我们需要新朋友以扩展自身的眼界，他们会告诉我们新的讯息，提供给我们不一样的人生观。我们需要不断挑战自己的信仰。通过加入新的俱乐部、学习新技能或参加社交活动等，我们可以建立一个新的朋友圈。舍弃、接受、维持还是创建一段新的关系？带有目的的决定是一件很有意义的事。现在请从你的生命中选择两个人，或者两个你认为可能会出现在你生命中的人，想想他们分别属于哪一类：

舍弃：

1.______________________________

2.______________________________

忍受：

1.______________________________

2.______________________________

维持：

1.______________________________

2.______________________________

创造：

1.____

2.____

现在请思考，为了达到你想要的关系状态，需要怎么做？

舍弃：

1.____

2.____

忍受：

1.____

2.____

维持：

1.____

2.____

创造：

1.____

2.____

当然，真实的关系更复杂，不是几个象限就能概括的。不过，仍有一些指标可供你参考：

◎ 副业

◎ 职业

◎ 财产

◎ 旅行目的地

◎ 时间分配

◎ 慈善事业

◎ 社区活动

◎ 家庭义务

◎ 爱好

以上指标，你可以选择删除一部分，也可以进行完善。如果对每段关系都紧握不放，我们就会掉进自己乱糟糟的“心理储藏室”。这间储藏室里堆满了很多陈旧的习惯和落伍的观念。随着时间的流逝，房间里的“垃圾”只会越来越多，压得我们喘不过气来，根本没有时间和精力创造新的自己。

通过列举具体事项，我们就能认真思考自己是否真的需要这些关系，然后开始舍弃、接受、维持和创造新的关系。虽然舍弃是一种看似不可思议的行为，可一旦开始扔掉完全不需要的东西，你就会感觉到前所未有的轻松和舒适。

不过越是成功的人，就越难理解这一点。我说过，有些成功领导者对“赢”的追求已经到了近乎疯狂的地步。为了检测他们疯狂的程度，我给他们做了一项心理测验：

> 你想去 X 餐馆吃晚饭，而你的另一半或者朋友想去 Y 餐馆，为此你们争执不休。最后，你妥协了。但结果 Y 餐馆不仅食物很难吃，服务也很差劲。
>
> A 选项：否定这次经历。认为伙伴和自己不合，并觉得要是当初去 X 餐馆，这种事情就不会发生了。
>
> B 选项：安静地吃饭。努力让自己喜欢周围的环境，度过一个美好的夜晚。

你会怎么做？你应该怎么做？75% 的客户选择了 A。不过他们也承认 B 是正确的选项，因为抱怨和指责对改善现状毫无益处。

你是否能想到其他更加折中的方式，既让自己掌握局势，又让对方开心？在回答之前请深呼吸，问自己以下 3 个问题：

> 1. 为什么我总是让步？我之所以想赢回局面，是因为我想证明自己非常聪明，而不是真的想帮助他人。（时间久了，没有人会喜欢你自作聪明的做法。）
>
> 2. 这件事是否值得我浪费时间和精力来吵架（你可能太忙了）？吵架是否能更快地让我达到目的？如果是，那就开战吧！否则请不要浪费时间和精力。
>
> 3. 获胜的意义和与他人的关系，到底哪个更重要？显然在很多情况下，与争强好胜相比维持一段好的关系更为重要。

因此无论是谁，请在大的事情上掌握主动权，在小的事情上做出让步。

“无效社交”，不如投资自己

在丢掉人生中的“垃圾”时，我们应循序渐进，而不应随意终止。能立马戒烟的人确实很厉害，但结束一段长久的感情或者交易就是另外一回事了。

我知道一位名叫罗克珊（Roxanne）的女士，她是一家行业协会的拥护者。罗克珊连续几届都是协会的董事会成员，还担任了两年的协会会长，每个月都会定期参加会议。她积极招募会员，善于解决成员间的分歧，为协会注入了新鲜活力。不过罗克珊出色的工作表现让她的同事相形见绌。可以说，这位女士所属的团队已完全支撑不起她的雄心壮志。

但是，罗克珊对协会十分忠诚，她认为退出等于背叛。后来她根据上述测试评估了自己的行为，发现曾经让她成长的精神能量早已干涸。曾经，她是学习者；现在，却成了传授者；曾经，她喜欢结识新的合作伙伴，积极参加社交活动；现在，却既没有时间也没有兴趣了。

于是她决定离开董事会，将参加集体会议的频率从每月一次减少至每季度一次。在不参加会议时，她还刻意减少与同事的接触。这样一来，她不仅减少了无用社交，还能在不伤害他人感情的情况下开始人生清理工作。现在罗克珊已顺利完成任务，不必终日纠结于义务和忠诚。

通过上述测试，我们也将更好地思考什么是值得接受的东西。总有一个问题每天都在我（马歇尔）脑海里闪现：这一次，我是否愿意就这个问题进行一次积极且完全不同的必要投资？

> “这次”提醒我们要立足于当下。世事变迁，环境或许会发生改变，我们解决问题的方式也会相应发生变化。因此最重要的就是把握现在。
>
> “我是否愿意”指考验意志力和责任心的时刻到了。这句话提醒我们要克服惰性，不随波逐流。
>
> “就这个问题”强调发生在身边的事情。不是任何问题都可以得到解决。不要浪费时间做任何消极的事情。
>
> “进行一次积极且完全不同的”关注人性中最善良和温柔的一面。它提醒我们身上拥有让自己或世界变得更好的能力。如果一事无成，那我们为何要努力奋斗？
>
> “必要投资”告诉我们，响应他人也是一份工作，这需要花费大量的时间、精力和机会。和任何投资一样，我们自身的资源都很有限。因此这句话实际上是在问：“这么做真的能让我的时间利用最大化吗？”

或许你会想：“我才不要重复这愚蠢的问题来评估哪段关系需

要努力争取。”但即使是简单的选择，也可以成为改变行为的关键。

当我们傲慢、愤世嫉俗、挑剔、好辩和自私时，这个问题能起到缓冲作用，让我们有时间思考另一种更加积极的反应。在怒火一触即发时，它能防止我们做出任何可能后悔的行为。

这也是一个有助于你进行成本效益分析的问题：这段关系值得我为其斗争吗？如果不值得，请接受现实并寻找能使自己大有作为的天地。

同时，这个问题让我们认清坚持的方向。在上述四个象限中，“维持”看似容易做到，但如果你正处于一段长期关系之中，你就会明白，好关系的维持需要注入时间、精力、专注和努力。鲍勃·迪伦（Bob Dylan）曾写道：“此生不忙，当如枯槁。”如果你不愿意为某段关系或能力努力，那么终有一天你会失去它。因此请思考你希望保留什么（家人、爱人还是工作），然后再评估自己是否愿意为之付出相应的努力。

作为教练，我们很清楚图 6.1 的第Ⅳ象限：创造。创造能产生最强烈的快感，因为这一步带来的是质的飞跃。迈出这一步后，害羞的人开始大胆发言，急躁的人学会了放慢脚步和聆听，超重的人终于减肥成功。

由此产生的新鲜感耐人寻味，不过请注意：所有改变都必须朝着好的方向发展。虽然有些人在突然闯进我们的生活后，也给我们带来了新鲜感和巨大的改变，但改变的走势是消极负面的。

因此不是所有的新朋友或新环境都能令人满意。“新鲜”的同义词不是“有益”，实际上，新鲜也可能有害。这一点在未成年人身上体现得尤为明显。迫于世俗压力，他们总是与一些“酷”孩子建立友谊，为了不被孤立，他们学着抽烟、喝酒、吸毒，甚至参与违法活动。

我们认为，新的朋友或改变能给我们带来更多快乐。当然，在大多数情况下，成就也能让我们快乐，比如蒸蒸日上的事业、稳定的婚姻及良好的个人习惯。但如果你一直追寻终点，就不会幸福。希腊哲学家芝诺（Zeno）有一个著名的悖论："你如果每天向自己的目标前进 50%，那还是永远无法抵达目的地。"

其实，你的人生目标应该是成为一个不断进步、敢于开辟新天地的人。现在很多公司以为节流能帮助他们累积资金，实际上，这大大降低了生产力。

因此公司如果想发展，就不能随意切断任何可能的机遇。同理，我们如果想成长就不能总是依赖既有的关系，当然，更不能随意舍弃一段关系。我们必须积极采取行动。

我们俩一共去过近百个国家，写过近百本书，与上百家公司和成千上万名客户打过交道。我们提供的建议、咨询也为企业的效益带来了数亿美元的增长。我们愿意且决心在创新之路上永不停歇，这也是我们的目标。

你呢？如果你也打算步入创新之旅，那么请回答以下问题：

◎ 一年后，我的生活应是什么样子？

◎ 如果有机会，我最想见到谁，最想和谁做朋友？

◎ 如果一定要走出舒适区，我会选择什么样的方式？

◎ 对于进步或成功，我是有自己的一套准则，还是遵循别人的准则？

◎ 现在的我处于哪个象限？我要怎么做才能达到“创新”阶段？

◎ 回顾过去一年，我是否已完成了之前定下的目标？

请先给自己戴好氧气面罩

在旅途中，我们总会遇到各种各样的困难：无法预测的晚点、意外的干扰、汽车故障甚至小型事故。世界上没有一直畅通的道路，因此当我们遇到困难需要改变方案时，请不要失望、烦躁甚至放弃。

自出生之日起，我们就一直奔波在路上。虽然遇到的问题成千上万，但归结其原因不外乎以下几种：

不合适的速度

在人生之旅中，如果你不愿意被后面的车超过，那请尽量适当地加速行驶。但如果速度过快，你将很容易在转弯时失控，或因刹不住车而追尾。

你要去主动地设定一个目标。如果你的愿望是写一本影响他人的书，成为董事会主席或者去地球的另一端来场浪漫旅行，那就不要随意制定一些无用的心愿清单。

请你为这些要做的大事制定一个具体的时间，比如：4 月份写完书的提纲，参加下一次的校董会选举，以及明天就去旅行社了解亚洲之旅的相关事宜。我想说明的重点是：即使在加速时，你也需要适度，并且懂得在必要时停下来。

错误的地图和方向

不管前进的速度有多快，如果我们导入的是一张错误的 GPS 路线图，那么我们只会更快地抵达错误的目的地。此外即使别人的路线图看起来无懈可击，却不一定适合你。

尽管最终目标可能会不断变化，但我们必须要确定一个基本框架。史蒂夫·乔布斯（Steve Jobs）和比尔·盖茨（Bill Gates）都希望自己能在科技领域有一番作为，于是他们选择放弃文凭，即使被视为“怪胎”也仍然执着于自己的梦想。

迈尔克·乔丹（Michael Jordan）和拉里·伯德（Larry Bird）都希望自己能成为篮球运动员，虽然他们一个曾因身材瘦小而被轻视，一个曾因性格问题而退学，但这些都不能阻止他们成为 NBA 巨星。他们的共同点是：知道自己的优势。

现在请你想想自己到底擅长什么，而不只是依靠什么而生存。你是否拥有经商头脑，是否具有表演天赋，又或者善于教书育人？到目前为止，你是否有最可能实现的未来蓝图，可以根据正确的地图找到正确的方向？

一辆不是旅途中最优选择的车

行驶在路途之中，及时维护车辆和补充燃料非常重要。除此之外，还要确保轮胎和引擎都运转正常。

行驶在旅途中，你的身体是否吃得消？你是否精力充沛？你的心情如何，是否乐观积极？如果航班稍有延误，你能否接受？如果需临时改变计划，你是否感到兴奋？路上的小意外是否会影响你的激情？你是否想在经历挫折或未知事件后稍作休息？

一旦踏上旅途，你就要学会自给自足，必须不断学习新技能，做以前不会做的事，就像一辆车需要不断加油或充电一样。你必须关紧身后的防水门，这样才不会重蹈覆辙，前功尽弃。如图6.2情况1，

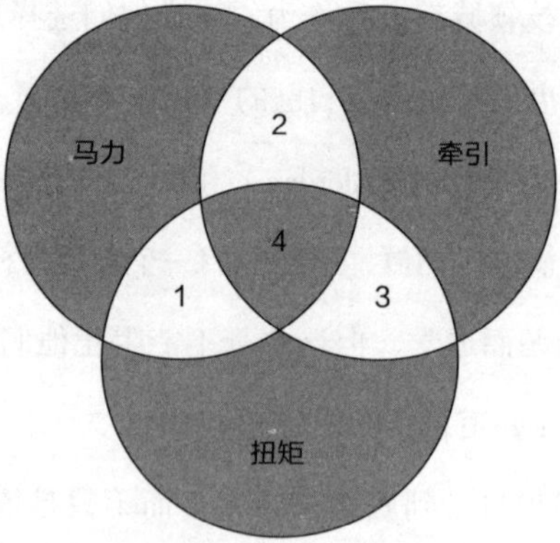

图6.2　开在旅途上的车辆

在路上你需要牵引、扭矩[①]和马力。如果只有马力和扭矩而没有牵引，那么轮胎就会不听使唤。

如果只有牵引和马力而没有扭矩（图 6.2 情况 2），那么车就无法快速起步。于是，尽管你和别人在同一条起跑线上，可别人总是能把你远远地甩在身后。

如果只有牵引和扭矩而没有马力（图 6.2 情况 3），那么他人的速度仍比你快。

因此你需要以下三样东西：

1. 知识，它给你牵引；
2. 意识，它给你扭矩；
3. 激情，它给你马力。

胡乱使用行驶工具

我们身边一定有很多不敢下班的工作狂或者加班狂。他们不敢走的原因可能是老板还没走。但老板的收入是他们的十倍！有些人会竭尽所能地在自己的专业领域取得优秀成绩。如果是律师，他们就和律师做朋友；如果是会计师，他们就和同行来往，完全不管行业规定。在我的公司，实习生的问题似乎要比上访的客户多得多。

---

①使物体发生转动的一种特殊的力矩。在功率固定的条件下，它与发动机转速成反比，转速越快扭矩越小，反之越大。——译者注

一些父母除了一周工作 60 小时外，他们还要辅导孩子做家庭作业，开车送孩子参加各种课外活动，或者当志愿者。虽然我们应该赞扬这种乐于奉献的精神，但做得太多会适得其反。请让生活慢下来，你需要先保证自己的生活品质，然后才能帮助他人。正如我们在前文所说，请先戴好自己的氧气面罩，再帮助身边的人戴上。

很多人总会被琐事牵绊，因此我们建议你做最大的努力，适当地加速行驶。你肯定不希望在转弯时被甩出车外，也不希望因跑得太快而撞到树上。

因此我们定义的改变是蜕变而不是变革。我们提倡谨慎冒险，反对鲁莽行事。我们希望你能掌控自己的生活，但这并不意味着做出草率的决定。

定期检查“个人成长指标”

在本章的最后，我们想强调的是：如果准备充分，改变也能有章可循。改变遵循的总体指导原则是：保护信仰体系和有价值的关系，舍弃负面的关系。

现在，全新的你正在不断前进。在人生中，大部分人有机会获得很多次别人无法企及的成功。在我们之中，有人是理财天才，也是感情白痴；有人身强力壮，却在工作上挣扎着前进。要想全方位地发展，我们不能有丝毫的懈怠。

蜕变之路具有整体性。它强调人的全面成长，而不是成为某一领域的专家。生活方式会影响职业，而职业又会反过来影响生活。请想想，如果让你用一年时间来蜕变，你想成为怎样的人？要达成这个目标，你又需要哪些条件？

请记住，你的目标应该具体明确，不应是“成为更好的人，或者更加乐观的人”之类。只有这样，你才能改善现状。我们有权利选择自己需要改善的方向和主题。

图 6.3 向我们展示了改变之旅中需要注意的事项。

假定每条线的终点值均为 0 分，边缘值均为 10 分，然后标记好自己在每条线上的位置（你也可以调整上述事项）。

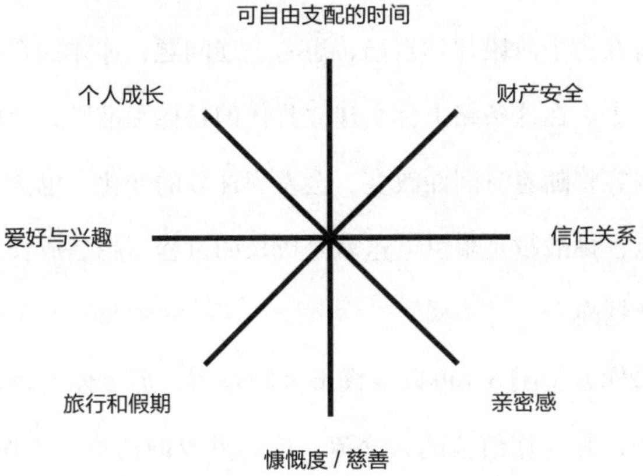

图 6.3　个人成长指标

假设你打算为“财产安全”打分，10 分表示银行存款足够你一年的花销，那么根据现状你可以得到几分？如果你目前处于中间状态，则记 5 分；如果离目标只有一小段距离，则可以记 8 分。

假设你要为“信任关系”打分，10 分代表你拥有许多可以坦诚相待的朋友，或能够信赖的合作伙伴等。那么根据情况，你会给自己打几分？打完分后，请思考以下 4 个问题：

1. 图 6.3 中哪一项对你最为重要？

2. 如果每一项内容都为 10 分，那么现在的你应该处于什么状态？

3. 坦白地说，现在的你能获得多少分？

4. 应该怎么做，你才能在每一项上取得理想的分数？

只有在各个阶段评估自己，思考上述问题，你才能在蜕变之路上坚持下去。在这条路上你会建立具体的目标和准则，会明白坐标轴上的内容将随着时间而改变，会发现评分的变化，也会意识到越临近终点，挑战越是艰巨。这就是成长的过程。越是成长，目标和准则就会越高。

如果你希望图 6.3 可以发挥最大的效用，那么你需要定期回复上述问题，并与你信任的人交流。因为外界的诱惑或工作的压力，你可能会失去判断力或忘记初心。时不时地复习图 6.3 有助于我们找回自我。

除此之外,图 6.3 还能帮助我们合理地分配资源,决定优先事项。我们曾在第 2 章说过，时间和金钱确实不是资源，它们只是决定我们投资当前或未来的优先事项。

因此图 6.3 中的思维方式可以帮助我们决定投资对象。没有投资（即具体的行动），我们就无法朝着 10 分的方向前进。

现在你知道了该获得牵引、扭矩和马力；决定舍弃、接受、维持和创造某些事物。正是投资让我们走在正确的道路上，也正是投资让我们坚定不移地走下去。

好了，假定你现在已经成功，那么下一步该做什么呢？

第 7 章

避开思维陷阱，为成功“上保险”

为了确立论点，我们先假设你已成功蜕变。你实现了独一无二的目标，掌握了质变的艺术，几乎是个公认的成功人士！好消息是，你为此做出了巨大的努力。恭喜你！坏消息是，你可能没有时间享受既有的荣耀。

在过去那些年里，你肯定已经发现，成功无法立即或自动带来轻松美好的生活。相反，成功总是伴随着一个又一个出乎意料的挑战或消极情绪，错选的优先事项还会暗中瓦解我们的成就，颠覆来之不易的成功。

尤其是在新环境下，比如新工作、新感情或者新的意识状态中，脆弱会突然来袭，犯错也在情理之中。不过，如果你提前知晓潜在的陷阱，就能巧妙地避开它们。

6 种实战技能，从源头消除恐惧

很多人会害怕一些连自己都说不清楚的东西。一件在我们看来是惊喜的东西，很可能在别人那里就变成了惊吓。

有些事物确实让人害怕，比如拿着枪的人、近在咫尺的龙卷风及疾驰的汽车。有些人在正常场合也会瑟瑟发抖，比如当众演讲、进入漆黑的房间及站在高处朝下望。

小孩还情有可原，但如果你是一位饱读诗书、阅历丰富的成年人，那就另当别论了。当你被器重，并进入公司的管理层后，大胆决策和果断行事将成为你的工作准则。升职后，你尤其会面临更多人的审视和监督。因此，若不学着克服恐惧，你的工作将受到严重影响。

我 10 岁时曾是少年棒球联合会（Little League）的一员。当时，所有的家长都会来观看该赛季的第一场比赛。那时我已经不是第一次参加比赛了，但仍然紧张得手脚发抖，害怕因为没打好而丢脸。结果在比赛时，我连续三次挥棒却没有一次碰到球。当时，我的四肢根本不听使唤了。

那种不合常理的恐惧让我与成功擦肩而过，我很后悔没有给自己一次机会。但现实还能糟糕到哪儿去呢？后来，我调整了自己的心态。三年后，我积累了丰富的经验，成了棒球队的明星击球手。

我的儿子很怕黑，对此他有一套自己的说辞：

“哦，我才不怕黑，只是怕黑暗里会跑出来的怪物！”

黑暗之处是没有光亮的地方，不主动投射阳光，黑暗就永远都是深不见底的黑色。我们过于迷信错误的想法，也时常担心自己被他人欺骗。因此，新工作、新路线或者新朋友都是“黑暗”。其实每段旅程都有黑暗之处，我们应该主动投射阳光并学会与黑暗相处。

人为什么会害怕？原因通常有以下几点：

◎ 害怕失败：“我应该成为一名专家。可是，如果我的观点与一名备受尊敬的学者相反怎么办？”
◎ 害怕嘲笑：“如果我因为这次没进球而输掉了比赛，让大家看笑话怎么办？”
◎ 害怕达不到别人设定的标准：“我做得不错，但与姐姐比差远了。”
◎ 害怕让别人（尤其是父母）失望：“父母总告诉别人，我以后会是一名杰出的律师，但如果我这次没有通过律师资格考试怎么办？如果我想当一名老师呢？”
◎ 无缘无故地害怕或迷信：“这个房间闹鬼，我不想进去。”
◎ 害怕被同辈排斥：“如果朋友知道了我的投票对象，他们肯定不会再理我了。”

实际上，很多害怕的理由都来自于我们单方面的担忧。观众希望能听到一次精彩的演讲，所以他们从一开始就非常支持演讲者。毕竟没有人想在听完一场演讲后，告诉自己的家人或朋友，过去的 2 小时简直无聊透顶。他们希望自己能与大家分享精彩的演讲内容，顺便夸赞一下演讲者有多么厉害。尽管在演讲过程中，很多演讲者都紧张得像是要上战场一样！

人在极度恐惧时会有两种基本表现：

卡壳。这种情况通常发生在你有意识，却无法完成动作的时候。就像我 10 岁时参加棒球比赛的状态一样。当时，我明明可以挥动球棒，却无法打到球。优秀的运动员为什么不会卡壳呢？因为他们已经习惯并非常享受在压力下比赛的感觉。和一年里经常演讲的人相比，一年只演讲一次的人在场上的表现肯定大不一样。

慌张。这种情况通常发生在你忘记下一步该怎么做的时候。我在学水肺潜水时，教练一再叮嘱我，如果呼吸调节器突然出现问题，就将右手臂呈弧形伸向后背，拿出备用器。

上面的动作我练习了很多次，因为在水下 12 米处呼吸器出现问题时，如果惊慌失措，忘记动作要领，就会丢掉性命。我们完全有能力做好那个简单的动作，只是在慌张的情况下，大脑会一片空白。

在人生旅程上，我们总会遇到很多未知与黑暗。到底该如何克服？以下是我们从客户身上学到的实战技能：

融入环境。作为演讲者，我经常会在正式演讲前提前了解现场，建立熟悉感。（就像我儿子说的，我并不害怕黑暗，而是害怕会在黑暗里出现的怪物。）只要提前找到黑暗里隐藏的“怪物”，那我就没有什么好害怕的了。这个方法同样适用于开销售会议、旅行和运动。

视觉化不熟悉之物。我总会在脑海里预想为客户提供咨询服务或者谈判的过程，想一想我们会以怎样的方式开始，地点会在哪里。当提前将那些最可能出现的问题视觉化时，我就会更加了解自己的想法，从而找到处理问题的方法，克服自身对未知的恐惧。

思考先例。问问自己是否曾做过类似的事情：换工作、领导委员会或董事会、学习养生。如果你因为身体的原因决定养生，但又担心自己无法坚持，那就评估自己的决心，思考与之类似的场景。每当我问自己：“有人曾经这样做过吗？”我的回答总是“有”。如果你曾做类似的事情，为什么现在就做不到了呢？

主动进攻而不是防守。很少有人会通过防守而赢得比赛（因为一般的防守无法得分），也无法通过防守拿到主动优势。因此，防守并不是我们人生之路的主要手段。英语中有一个源于古阿兹特克文化[①]的短语：在地

①拉丁美洲印第安人三大文化之一，由居住在今墨西哥的阿兹特克人创造。——译者注

上打下桩子（put a stake in the ground，引申意义为“打牢基础”)。阿兹特克人会把脚踝钉在地上，因为他们无法撤退。因此当危险来临时，他们要么迎战获胜，要么投降死亡。不过问题在于，这样一来，他们也失去了追杀逃跑敌人的机会。

努力抢球夺冠。只有在感受到压力并且可能输掉比赛的时候，人才会奋力一搏，然后夺冠。请不要逃避责任，更不要祈祷自己不用接球。努力去抢球！或许之前你从没进过球，不过没关系，只要努力抢球就还有机会。说不定，这一次你就会进球得分了。

和勇者相处。请和有创新精神的人相处！不要再选择那些怕事的胆小鬼，他们只会说：“其他人会做这件事的。”同侪压力是积极生活中的动力，所以去找这类人做朋友！他们不仅克服了恐惧，而且内心强大，是我们勇敢前行的榜样。

一旦知道了害怕的原因，克服恐惧就不再是难事。我们可以根除恐惧，或者将恐惧视觉化。自嘲是一项很重要的能力，它虽然不如水上求生技能那么重要，但是当你在大庭广众下丢脸的时候，自嘲肯定大有助益。当你和大伙儿一块嘲笑自己的时候，他们就不会笑你了。

击退内疚感侵蚀，夺回自我修复力

那么在某个时刻，你会为曾经的行为不安内疚，那么你内疚的原因是：

◎ 做了不该做的事；
◎ 拥有了不该拥有的东西；
◎ 没能做成某事；
◎ 没能拿到某样东西。

因此，你感觉自己过得非常不快乐。

如果内疚感可以量化，我想在某个时刻，你的内疚感估计大得可以覆盖海洋。

内疚感这个词里包含一种动作：谴责（“他居然做这种事，我们得谴责他”）。有的母亲非常善解人意，以至于他们的儿女在打来电话时，才知道家里的情况和父母的艰辛。这时儿女们的心中往往充满了内疚感。有时候，过于沉重的内疚感会左右我们的人生方向。

同时，它通常也不会引导事情往更好的方向发展。还记得佩戴氧气面罩的原则吗？先给自己戴好，然后再帮别人戴好。内疚感会夺走你帮助自己的能力。内疚感鼓励甚至强迫我们做出以下几件事：

◎ 纵容孩子。我们当然不想让孩子觉得自己没人疼爱；我们希望自己的孩子能被同龄人接受；我们不想成为专横无理父母，因为这不是现代该有的教育方法。因此即使孩子存在问题，我们也会向他们的眼泪妥协。

◎ 牺牲重要的个人目标。老板要求加班，因此我必须晚点走，即使这样会错过和家人共进晚餐；因为团队需要我，所以我不得不推迟自己的度假计划，收回酒店押金或退机票钱。

◎ 满足他人的无理要求。尽管我堂兄不太适合这个岗位，但他很缺钱，而且我们是一家人。如果不给他找份工作，我以后就没脸见他了。

◎ 放弃重要的关系。做了这件事之后，或者当这件事干失败了，我不知道该如何面对我的朋友。

◎ 放弃提高生活质量或者好的经历。其他人都不能享受这些，我又凭什么可以去巴黎呢？

内疚感会消耗你的精力，破坏你的天赋。内疚感让人不敢冒险，不敢创新，不敢创造。它不过是架无形的机器，却能把人拉下深渊。与其努力爬出深渊，不如在一开始就避免掉入。以下是一些技巧：

◎ 如果你做了（或者没做）什么事情对他人造成了伤害，请坦诚地道歉。道歉的内容要具体，比如：“对不起，我不应该很晚才订房间，让你跟着我赶了一晚上的路。这是我的问题，下次不会再犯了。”从根本上来说，你的内疚感不会减轻受伤害的一方的感受。虽然无法磨灭已有的伤害，道歉却能起到一定的作用。

◎ 不要让他人将内疚感强加在你身上。如果你不能做某件事，就坦诚解释原因，维护自己的形象。“我不能再为委员会服务了，因为现在是生意旺季，我没有时间来管理这边。”或者直接说“不”。

◎ 使用正确的标准。如果你拥有某件事物，就说明你有资格获得它，而其他人有没有资格并不重要。天赋、技能与成就，三者决定了你投资自己的能力，也决定了你的成功。你根本没必要参考朋友、邻居或者世俗的情况，或许很多人都没有你已经拥有的东西。

◎ 审视自己的内疚感。你为什么感到内疚？内疚的时间有多久了？如果你的内疚源于过去的一段感情或者是某个人，那么消除内疚感将需要很长一段时间。因此最好趁着大家都还在，赶紧与那些让你感到内疚的人重建关系。很多人都会因自己对他人说的最后一句话而内疚，因为他们不知道那将是最后一句。

内疚感与消极情绪十分类似，这二者都会掩盖一个人的天赋，也会在无形之中磨灭一个人的幸福感（如果你在想“没有人可以永远开心”，那么你现在就在内疚）。

造成内疚的原因有三种：犯错、忽视、限制。

犯错：主要指已产生危害或者带来不便的错误。这些错误可能出于无意，也可能是有意为之。不管是哪种情况，道歉是最合适的解决办法，同时还要向受害者承诺，以后会控制好自己的行为。

但如果你发现自己很难改正，总是在犯错并为此自责不已，那么请向合格的导师或者治疗专家寻求帮助。这类内疚感如果未能得到根治，将会产生强大的破坏力。

忽视：忽视常常发生在你未能做成某事的时候。从社会的角度来看，这是一个非常严重的问题，比如，如果你本可以制止或举报犯罪行为却没有这么做，那么司法机构会认为，是你的不作为导致了犯罪行为的发生。

换一种我们平时更常遇到的情况——未履行承诺，比如你忘记了某人的生日或者某个纪念日，你会为此感到非常内疚。

我的解决方法是：重新调整生活状态，并多关注身边的人。每个新年到来时，我都会在日历上记下妻子和孩子的生日，以及我们的结婚纪念日。

限制：我们会得到奖励，赢得比赛或者得到梦想的工作。但是有这样一类人，他们认为其他人不应该超过自己，即使他们自己做得不怎么样。就是这群人让你产生了内疚感。在澳大利亚，这类人被指患有高罂粟花综合征（High Poppy Syndrome），即任何高于其他罂粟的罂粟花都会被修剪。

面对这种情况，请不要心存内疚，因为你并未做错任何事，你的成功也没有对任何人不利。不然，这种内疚感会在你成功时不断侵蚀你的生活，你会因此无法享受成功带来的幸福感。

想力挽狂澜？先不耻下问！

高管教练为企业文化提出了一个全新的理念：不要感到羞耻。

教练会告诉你，不要害怕承认自己的无知，要主动寻求帮助。在我（马歇尔）的指导下，客户学会从同事、下属、董事会成员等关键利益者处收集重要反馈来提升自己的技能。

你之所以不能接受这个方法，是因为担心他人发现自己的弱点，害怕因此受到惩罚、报复或者被竞争对手抢走机会。

因此我们需要教练。好的教练会帮你赶走恐惧情绪，会通过反馈信息和自我分析引导客户进行积极、稳定的行为改变。这个方法确实有效。所以近 30 年来，大家对心灵导师的看法发生了改变：寻求导师的帮助不再是一种惩罚，而是一种威望的象征。因为，心灵导师确实会让一个人发生非常明显的积极改变。

这点在我朋友和同事的身上表现得非常明显。艾伦·穆拉利（Alan Mulally）就是一个例子，他决定放下羞耻心，以强劲的手腕管理整个公司。2006 年，艾伦接手福特公司成为 CEO。与 1990 年相比，那年福特的市场份额已跌了 25%。同时，因为受到经济大萧条的影响，公司的经营状态非常糟糕。

对艾伦挽回福特公司的颓势一事，业内一直津津乐道。在美国三大汽车公司（另外两家为通用汽车公司与克莱斯勒汽车公司）里，福特是唯一一家没有用政府救助金，而从金融危机中存活下来的。2014 年，艾伦在退休后被《财富》（*Fortune*）杂志评选为世界上最伟大的领导者第三名。

在接手福特的初期，艾伦做出的最重要的一件事，就是及时摒弃羞耻感。那时，福特内部的高层会议十分混乱，高管们要么针锋相对，要么互不搭理。

针对这种情况，艾伦制定了“工作计划审查”制度：高管必须利用精准的方案介绍自己的提议，并定期汇报进展。此外，他还禁止人们携带手机参加会议。通过这一制度，艾伦有效地将会议纪律拉回了正轨。

会议纪律变好后，艾伦鼓励大家在报告中说出自己面临的困难。他以身作则，希望大家能够谦虚，勇于承认自己需要帮助，而不是虚张声势。这恰恰印证了一名优秀领导人的基本品质。艾伦大方承认了自己不了解的问题，也报告了自己完成的和未完成的任务。作为工程师，艾伦只针对自己了解的领域提出问题，一旦遇到不了解的领域，他总会主动寻求他人的帮助。

这听起来很容易，但要像艾伦那样坦率着实不容易，尤其是考虑到他当时在福特的处境：拯救一家濒临倒闭的巨头公司。在许多人等着看笑话和看他失败的情况下，任何内心不够强大的领导人都会选择全副武装，保护自己脆弱的自尊心。所幸的是，艾伦选择了另一条道路。

艾伦的潜力无限，他能改变的远不止福特的经营状况。现在他正和我一起，帮助各大企业和组织发展领导力。

要成为全新的自己，就要在克服恐惧、内疚感和羞耻感这条路上一直走下去。我们首先要果断抛弃累赘，之后再寻找一辆马力十足的汽车全速前进。这样一来，我们就走在了实现更高自我价值的康庄大道上。

肯定他人价值，动机大于行为

我们已经在前面讲到，自我价值感就像一块需要不断锻炼的肌肉。一旦我们放弃锻炼，它就会萎缩。

相信他人的价值是维持自我价值感最重要的方式。不管是在商业活动中还是在社交场合，我总是以乐观的态度与人交往，因为不信任他人能从侧面反映出你的社交缺陷。但是，别人有权利对你持怀疑态度。

在与人交往的过程中，尽管的确有一小部分人会让我感到非常失望，可我懂得控制自己，不会让自己因某些小缺点就否定一个人的全部。

因此原谅和道歉就像一对好朋友。在很多情况下，道歉是希望求得原谅。即便一个人习惯性地犯错，但是当他（她）真诚道歉时，我们也应该原谅。即使对方不道歉，我们也不能永远心怀仇恨。试想一下，在家庭关系的问题上，有多少人直到去世时都仍对某些小过节心存芥蒂。

因此请切记一条重要的原则：正视他人的行为动机。偷窃、诽谤、抢走属于你的荣誉，这些确实是不可饶恕的恶行，但对于以下两种情况，我们可以酌情区别对待：

1. 别人在你不知情的状况下骑走了你的车，而别人用车是因为有急事。

2. 不小心吃了一块别人的点心。

把自己活成支点，5 步穿越“不确定区域”

杠杆就是力量。阿基米德（Archimedes）曾说：“给我一个支点，我就能撬动地球。”当然，我们的目标没有这么伟大，只是想在人生旅程中不断提升自己的价值。

事实上，杠杆原理就是做最小的功让物体的位置发生改变。旅途的过程原本并不艰难，难的是在路上你要避免不愉快和无意义之事的干扰。杠杆能帮助我们一边专注于积极、有意义的事，一边全速前行。

根据我们多年的经验，很多公司和个人并不抗拒变化，他们非常渴望能够走近心中的美好未来。他们抗拒的是变化过程，因为一路上存在的变数（黑暗）太大，这让他们觉得失去了掌控感。

因此，我们必须向这条路上投射光亮。

正如图 7.1 所示，绕着旅途中的不确定区域行进会浪费很多时间，而朝合适的路线中投射光亮才是最快捷的选择。问题只在于：如何勇敢地在黑暗中前进，如何安然走过这段充满不确定性的区域？

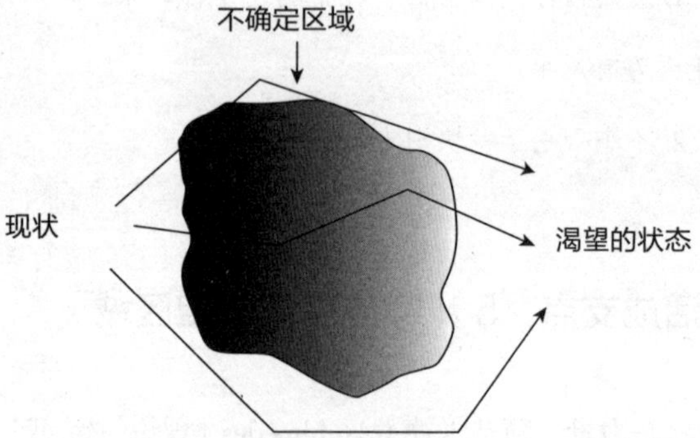

图 7.1　不确定区域

如果在旅途中遇到新的问题，我们有两种选择：

第一，发泄不满、困惑或迷茫的情绪。虽然在遇到困难时，同伴的安慰和同情会暂时舒缓我们的情绪，但过多的安慰反而会加重受害者心理，让你有意无意地抱怨世界总是和你作对（这就是外部控制影响人生的表现）。

第二，用乐观的态度面对新问题，直面困难，尽最大的努力解决问题。当危机来临时，能力是自信的表现。能够解决问题的人往往都具有较强的自尊心，因此他们适应困难环境的能力也相对较强。自我感觉越好，就越有意愿和能力解决问题；越能解决问题，自我感觉就越好。

总而言之，要想改变，就要直面不确定的区域，不要担心“猛兽”是否会匿藏于此。只要大胆地走进去，相信自己有能力、有资源“干掉”任何危险就好。

以下是提升自身杠杆作用的技巧：

确定具体的目标。在旅途中，我们的目标总会发生变化，但请在每走完一段里程后就确定下一段里程的目标，不要让旅途中的不确定区域误导你走进不确定的未来。请问问自己，我是否正朝着下一个阶段、新的地点、不同的关系、新颖的养生法或者不熟悉的地方前进？

不管你会遇到什么问题，请先确定具体的目标，比如，比起笼统的“去全世界旅行”，计划去伦敦旅行就要容易实现得多；与其“尽量不被工作占用太多时间”，不如先“确定比较清晰的工作优先次序”。

活在当下。我们在公路上开车时，只要稍微不留神就会错过出口；我们在与他人聊天时，如果过于关注寻找话题或者取悦他人，就会误解对方的话语和行为。虽然提前思考是一件好事，但请不要忘记关注当下正在发生的事情。

记成功日记。人习惯于制订明天、下周及下个月的计划，却忽视了回顾今天已完成的事情。记成功日记的过程就是我们反思成功并引以为鉴的过程（我喜欢庆功宴，不喜欢事后检讨）。

通过记录自己的改变，即使过程很短暂，我们也能了解旅途中的大小事，从而保证自己走在一条合适而正确的轨道上。

> 与其知道自己擅长什么，不如花点时间去了解自己为什么会擅长。

以下为一则简短的成功日记范例：

日期：3 月 3 日

目标：联系学校董事会主席，成为董事会的一员。

完成情况：已与主席取得联系，计划于星期五上午 10 点在她的办公室见面。

启示：其实只要打电话提起一位共同的朋友就可以

搞定了，完全不需要那些啰唆的对话和简历。最快速的方式就是直接做简洁的个人介绍。

幸福、充实和健康是每个人的追求。

近年来，心理学界流行一个新兴的分支科目：积极心理学。这门学科的主要目的是解释并发展幸福、乐观和健康的意义。在很多高校，教授幸福本质的课程都大受欢迎（教授本人也是公众人物）。但是，这反映出在现实中，很多人并不幸福。

在发达国家，虽然人们拥有更多的生活选择，享有更舒适的环境，但患抑郁症的人数在逐年攀升。为什么生活水平提高了，人们反而不快乐？我认为，造成这一现象的主要原因是人们对生活的无力感。

马歇尔在前文中提到，他每天都会进行日常问答，这个过程使得他一直行走在正确的人生轨道上。在日常问答里，提问方式很关键，积极的问题比消极的问题更有效。

凯莉·古德史密斯（Kelly Goldsmith）是马歇尔的女儿，耶鲁大学市场营销学博士，现任教于西北大学凯洛格管理学院。她让父亲发现了积极提问的力量。

凯莉对“员工敬业度”（employee engagement）一词很感兴趣。“员工敬业度”是管理界的专业名词，指员工的工作活跃状态。人们常常将之比喻成运动员在田径场上的状态。

凯莉认为：如果公司想让员工积极投入工作，就不应该询问他们类似“老板和经理有哪些方面需要提高”的问题。她并不是说这类问题不好（公司确实可以从中收获大量有用的建议），而是说它们属于诊断性而非创造性的问题。员工回答这些问题就等于在解决问题，这会让他们有一种自己仍在工作的感觉。

最好的方法就是，利用积极的提问来了解他们的工作状况，这也是员工唯一能做的事。比如，问他们：“你今天的努力让自己开心吗？”而不是问他们：“你今天开心吗？”因为后面那句话总会引起员工一连串的抱怨，而前一句话会让员工处于主动地位。这样一来，他们就必须评估自己的行为，并对其负责。

一旦懂得主动工作、追求幸福生活，我们也就掌握了生命的主动权。我们不应在原地等待上天的施舍，而应知道，不论遇到什么困难，我们都有办法解决。

在改变之路上，我们要努力创造幸福、努力工作、努力开心。

众所周知，幽默能从侧面反映痛苦。不论是踩到香蕉皮的无聊幽默，还是单口喜剧的讽刺幽默，二者都暗示了一个人的焦虑或他曾经的糟糕经历。大多数优秀的单口相声演员都过得不那么幸福，或是有一段糟糕的童年，所以，他们更善于利用幽默来表达自己的悲伤。

幽默，尤其是自嘲式幽默，总能带来绝佳的话题效果。我想同大家分享一则笑话：最近，由于一点小问题，我的一根手指需要动手术。手术前，我必须不断地按摩它。有一天，我正一边看电视，一边按摩手指。突然，神奇的事情发生了，需要动手术的那根手指居然变得异常灵活。我低头一看，才发现自己一直按错了对象！

在生活中，我们需要有一双善于发现幽默的眼睛。喜剧演员路易斯 · C.K.（Louis C.K.）曾在飞机上说 ：“你还觉得不舒服？你现在正坐在一间高于地面 10 972 米的移动客厅里，它以 800 千米 / 时的速度飞行，将在最短的时间内把你送到目的地。你还有什么可抱怨的呢？”

第 8 章

对生活负责，写就人生启示录

“捐赠时间”——“慷慨”的正确打开方式

要想封闭防水门的同时坚持走完旅程，其中一个关键因素就是慷慨。当然，慷慨不仅是捐款那样简单，它是一种含义颇深的精神。

曾经有一位企业家，他很成功却总是内心匮乏。他在大多数情况下都非常吝啬，他总是说：“商务舱和头等舱都在同一架飞机上，我为什么要多花钱呢？”每当听到这句话，我就会提醒他：这些钱会让你和你的家人在长途旅行中更为舒适。

同样，他对别人也很抠门。我建议他对人慷慨一点，但他激动地说：“我很慷慨了！你看我对自己和家人多大方！”这样的回答让我震惊不已，我真想告诉他，慷慨之举应是施与他人而不只是自己！

还有一些人，尽管他们过得很节俭，却总是慷慨地对待他人。在我很小的时候，有一次我的父亲曾以匿名的方式将 10 美元投进了一户人家的信箱里，因为他听说那个人过得不太好。在当时，10 美元是一笔很大的钱，而且我们家的生活也并不尽如人意。

此后，这件事就深深印在了我的脑海里。

有些人尽管已经非常成功，却仍然非常吝啬。慷慨不仅指捐赠金钱，要知道，施与他人一笔钱并不能决定你是否慷慨，后者应由你的付出和你的收入之比来决定。因此亿万富翁捐一万美元根本不算什么，年薪五万美元的人捐一万美元才值得称赞。

每个人都可以写支票，但你付出的时间和关怀才是最珍贵的礼物。我的儿子是一名演员，对他而言，比起收到支票，他更愿意看到我和妻子去百老汇或地区剧院观看他的表演。毕竟时间是优先事项，而不是一项资源。一天只有 24 小时，因此不管你是谁，有多高的成就，抑或做出了多少贡献，你的时间都不会比别人更多。

如果有人说："我真想看我的孩子踢足球，可惜我没有时间。"其实他的意思就是："我的时间要用来做其他事情。"这个其他事情可能与赚钱有关，或许正是因为他赚到了钱，他的孩子才有机会踢足球。但是不管怎么样，我们的决定都基于当时内心的优先事项。

贡献自己的时间是一个伟大而慷慨的行为，不论是当志愿者，还是为委员会服务，抑或是为他人提供指导等。要变得慷慨很简单，只要改变我们利用时间的优先次序就可以了。

除了时间，你还有哪些东西可以慷慨地给予呢？

◎ **金钱。**大部分非营利机构和慈善组织都会收到大量的小额捐款，而不是大额捐款。说一个题外话，现在非常流行众筹。不管是为政治竞选募捐还是帮助个人创业，众筹都非常有效。

不必给自己压力，认为只有捐出大量金钱才算对社会做出了贡献。尽管捐款人数很多，但25美元或者5美元都很重要。此外，不要只为重大事件捐款。只要去问问居委会或者公共事业部门，就能知道谁需要帮助。

◎ **服务。**非金钱捐款也能对社会有所帮助，比如：提供建议、食物、广告、营销方案、实物财产、交通工具等其他产品和服务。我的一些客户是高级猎头，他们会无偿帮助公司寻找有能力的新员工。

◎ **名誉。**如果你是某个委员会的领导，有权在文件上签字盖章，那么你就有能力影响并呼吁他人共同完成一项事业。人们知道、了解你，愿意跟随你，因此不管你进入哪个志愿项目，都会吸引一批追随者。

◎ **支持与安慰。**还有一种善意的慷慨就是聆听与支持。我们一生可能会经历各种打击：患重病、爱人离世、失业、失恋或者抑郁。

不管对方遇到了什么事情，请不要评论，不要做价值判断，请安静地聆听并给予支持，这就是最好的慷慨。因为你正在为他人着想，而没有以自我为中心。以下是三种常见的态度，你最常表露出的是哪种？

1. “你做了什么？看在你难受的分上，我就不说你了。”

2. “你做错了。现在看好了我是怎么做的，下次你就照办。”

3. “跟我说说，现在感觉好点了吗？”

说句题外话，在我的教练团队里，有一群人正在专门研究“慈善回报率”的问题。他们认为，一个人只要捐款妥善，他的名声、威望、知名度和商业合作价值也会得到相应的提升。

当然，我不是提倡“为求回报才付出”，只不过多年的工作经验和他人的商业经历告诉我：很多时候，慷慨地给予就会收到直接的回报，即使你并不需要回报。

我儿子曾在迈阿密大学读戏剧专业。大四的时候，他非常希望自己能成为《愤怒的葡萄》（*The Grapes of Wrath*）的男主角，但结果学院请了一位外校生来扮演这个角色。这出乎所有人的意料，因为之前并没有先例。我的儿子知道后非常生气，接着他给我打了个电话。

他说：“我感觉糟透了！我被背叛了，觉得很失望、很震惊、很伤心。”

我说：“我能做些什么呢？”

“请告诉我应该怎么做。”

“你该怎么做就怎么做。如果我遇到这种事，心情可能和你一模一样。”

“真的吗？”

“真的。你现在的心情合情合理，大家都能理解你。但问题的关键在于，你应该如何调整自己的情绪。你有这几种选择：找院长申诉、拒绝参演、让其他人也罢演，或者接受另一个角色并尽力演好它。”

后来，我的儿子接受了另一个角色，并且演得非常好。他从这次事件中收获良多，而我也从中学会了肯定他人的情绪，不加以评价。

这件事的启示是：重要的不是生活对我们做了什么，而是当生活惨不忍睹时，我们打算如何面对。（这里再次印证，内部控制与外部控制相互作用的影响。）

最后，我想再次强调慷慨的重要性。慷慨的重点是将给予作为目的，而不是寻求回报。写支票只需一秒钟，但耐心地倾听可能需要一个小时，甚至是更长的时间。如果有一天，你好意让旁边的车先行，却因为没有听到对方的感谢而勃然大怒，那么这就不是慷慨，而是自我。

我（马歇尔）相信：付出越多，收获便越多。

价值观决定我们的生活方式、性格和人生走向。价值体现在行为上，比如，我相信慷慨与传授的力量，于是我在自己的网页上免费公布了所有的教学内容，读者可以随意复制、分享、下载。至于回报，我因此遇到了很多有意思的朋友，他们拥有许多不可思议的经历，这些经历我以前都不曾想象。

在我读高中的时候，我的家乡肯塔基州举办了一个“10美分面包拉力赛”的活动。我的高中位于肯塔基州最贫穷的地区，而我被推荐为比赛的特定区域负责人。

根据规则，我们要去敲邻居家的门。如果有人应门，我们就会问他："你是否愿意捐献一点钱？"如果对方捐款了，我就要给他一条面包。

后来我告诉自己的队友："我们来点不一样的吧！我们去送面包。也就是说，敲门后，不管对方是否捐款，我们都先送一条面包。然后对他们说，如果你愿意捐出一点钱，那就再好不过了；如果你没有捐款，也没关系。"

猜猜比赛的结果是什么？我们这个小组在拉力赛中筹到了最多的钱！

正是这次经历让我真正学到了给予的哲学。对我而言，"给予他人面包"就是最好的生活哲理。

如今在自己的工作中，我仍把"面包"给予他人，还记得前文中提到的 100 名教练培训计划吗？能有机会再次将"面包"分享给他人，我由衷地感到高兴！

亲自冒险，不断刷新经验值

首次登上新大陆时，埃尔南·科尔特斯[①]（Hernando Cortes）忧心忡忡，担心自己的伙伴会因为恐惧而逃跑，于是他烧掉了自己的船。这样一来，其他人别无后路，只得团结一致，跟随在科尔特斯身边。

① 1511 年，科尔特斯出征古巴，而后于 1519 年率领一支探险队入侵墨西哥。建立了城市维拉克鲁斯。——译者注

与封闭防水门、勇往直前相比，这种方式的不同之处在哪儿呢？

在受到惊吓后，螃蟹、兔子和蜘蛛等动物会立即逃回洞穴，人类也不例外。人类会给自己搭建避风港，然后为躲避危机四伏的外界而待在里面不出去。

然而想改变就得冒险，适合他人的路不一定也适合我们。关键不在于走过多少路，而是走一条他人不曾走过的路。因此我们要谨慎摸索、四处张望、不惧黑暗、投射光亮，直至找到属于自己的路。

要探险，仅凭想象外面的世界没有用，我们必须亲自走出去。比如：

◎ 一位女士不仅从事营销行业，还是一位杰出的古典钢琴家。之前她从未想过这二者会产生联系，后来我建议她把音乐与工作相结合。于是她将自己的音乐放进营销广告等同类产品中，这样一来，她的兴趣与工作便完美结合了。

◎ 我的加拿大客户总是说，在美国工作不容易，这里不仅有很多的文书工作，而且有不断升级的边境问题。我认识一位来自渥太华的女性，她是营销策略领域的思想领袖，针对边境问题她制订了一套完整的计划，以帮助那些需要频繁在美国和加拿大往来的人拥有更顺利的生活。

我们要扩大自己的格局，学会换种方式思考。不要只从现在的自己推断未来的自己，而是应该直接画下未来的蓝图，制定抵达目标的方法。改变之旅的目标一直在移动，当我们不断进步时也就创造了未来。

有一次，我（艾伦）在机场的洗手间里看到了一款设计独特的干手器，与那种慢得不行的老式干手器不同，这款机器产生的声音很小，但风力强劲，可以在极短时间内将手吹干。

我好奇地查了查这款干手器的制造商，结果发现是戴森公司，这让我非常惊讶。因为我此前一直以为，戴森公司只做吸尘器（要怪电视广告）。现在我知道了，戴森不仅是吸尘器制造商，还是一家技术创新型公司。

戴森公司的新理念层出不穷，他们总是在思考可以开发什么样的新技术，以及哪种技术能够带来更丰厚的利润。现在，我很期待戴森的无扇吹风机。

想象一下，如果 IBM 公司只靠计算机里的穿孔卡和穿孔机赚钱，却没有发明信息技术，那么现在它的境况会是怎样？

探索要求我们，不要去想能否做到某件事。如果在某人的介绍下，我们做到了自己本以为不擅长（或不喜欢）的事，那我们肯定会兴奋不已。

探索意味着学习技能、展现天赋、努力尝试和不断经历。我能接受某人在吃过某种食物后觉得它不好吃，但如果你连试都没有试就说那个东西不好吃，这样太不负责了。如果你说“我吃不了鱼眼睛”，我能接受；但如果你说“我肯定不喜欢吃龙虾”，那我就要生气了。

你是否曾主动拒绝做以下事情？

◎ 玩乐器

◎ 去舞厅跳舞

◎ 健身

◎ 爬山和徒步旅行

◎ 去国外旅游

◎ 潜水和滑雪运动

◎ 戏剧表演

◎ 假期做志愿者

◎ 唱歌

◎ 画画和摄影

其实我们不愿意做某件事情的一个重要原因是：在这件事上，已经有人做得很好了，他们是专家级别的人物。看到这类人我们会深感压力：“她的声音真美，我肯定连她的一半都不如。”“他居然会自己带水中呼吸装置！”“她居然翻越了阿巴拉契亚山！”“他会玩滑翔机！”

但只要你想探索新领域、学习新技能，就能抓住机会享受人生。因此重要的是机会：探索让你的天赋有机会绽放，有机会为人所知，有机会不断发展，有机会与他人分享。

过去的十年，我们在商业领域里发现：最有效的动力既不是金钱也不是地位，而是机会；特别是自主的机会，运用天赋的机会，以及这些天赋在成功实践后名声大噪的机会。上述机会同样适用于我们的个人改变之旅。

既然天赋需要得到有效发挥，那么我就必须身处社会。几年前，我们遇到了一对在日本旅行的美国夫妇。妻子选择酒店的原则是：酒店里得有意大利面。那是她最喜欢的食物，不管在哪儿，那是她唯一能接受的食物。可这算不上是真正的探险，即使她已行至上万公里外。

探索存在着风险。不论是爬山、潜水、学习飞翔还是去山洞探险，这些活动都非常危险。因为在这些活动中，我们除了需要担负身体上的风险外，还需要担负心理上的风险。很多人觉得在公众面前演讲有风险，展示自己的作品有风险，向他人表达自己的观点有风险，甚至尝试新的食物都有风险！

这些风险源于我们害怕被拒绝，自尊心太脆弱。说到底，我们不过是害怕失败罢了！可是没有哪一段旅程完美无瑕，风险并不是无法逾越的门槛。我们只要接受它，解决它就好！

下面，我们来做一个简单的风险测试，从实际的角度来谈论风险。经过测试，你可能会更加谨慎地冒险。当然，我们不是提倡你上赌桌，而是希望你能深刻地理解自己控制风险的能力。评估风险主要由以下两部分组成：

1. 可能性：可能会发生什么不好的情况？

2. 严重性：如果不好的情况发生了，会造成怎样的负面影响？

比如飞机失事的概率其实很低，但一失事，后果将不堪设想。就我自身的经历而言，冬天在冰面上摔倒的概率非常高，但这不会造成严重的后果。它只是会让我觉得丢脸，而不会造成身体上的伤害。

预防行为可以在一定程度上降低潜在的危险。飞机在起飞前要接受严格的检查，需重新调整和不断测试；每一位飞行员在起飞前都要体检和核对检查表；在冰面上行走的时候，你可以抓住其他东西，或者重新找一条路，或者穿上防滑的鞋子。

除此之外，若危险真的来临，我们也有降低风险严重性的准备：飞机上都有紧急出口、氧气面罩和救生圈；如果真的发生突发状况，机场上还有应急车辆；我可以戴好护膝后再在冰面上行走，如果真的摔伤了，还能敷上冰块或去医院就医。

不管是在家还是在办公室，如果遇到火灾，灭火器、自动喷水灭火系统及紧急出口都可以帮助我们降低风险。而“请勿吸烟”的指示牌、“请勿携带易燃易爆品”的提示及具体的电线使用标准都是为了预防火灾。因此降低风险指的就是“预防和保护”。

那么在改变之旅中请做好预防措施，并根据情况采取相应的办法，学会保护自己。我们不能消除危险，也不要试图消除危险。但是，请有效地管理风险。具体见图 8.1。

图 8.1 可行行为类型

你既可以补救或适应已发生的危险，也可以预防或保护自己不受潜在风险的伤害。（保险政策能宽慰人心，但请不要忽视，保险是灾难发生后用来缓解危机的手段。）

如何在虚拟与现实中建立关系，助力人生？

我们和一些人能维持长久的关系，比如家人、爱人、亲密的朋友和同事。当然，我们可能会与某个家庭成员疏远，也会和伴侣离婚，这在现今都非常普遍。朋友之间也会因为地位、身份、交际圈的变化而疏远。因为天性使然，我们都愿意和他人建立长久稳定的联系。

维持珍贵的关系不一定需要频繁的联系。有时候，我们只会在假期和某些家人见面，只会通过打电话或者写邮件的方式与远方的朋友联系。即使是夫妻或者情侣，也会因为工作需要、服兵役或者一些紧急情况而分离一段时间。

不过有的关系非常短暂。一些朋友、同事和合作者只在我们的生命中打了个照面，然后就悄无声息地走了。这种分开可能是主动的，也可能是被动的。尽管这类关系只持续了很短的时间，它却意义非凡，让人受益匪浅。

大家肯定都有过这样的经历：在上学、入伍、接受一项短暂的任务或者度假的时候，我们都很享受与遇见的人相处的日子。即使假期过完、任务结束、服役期满等原因让我们分开，但那段日子仍让你难以忘怀。

还有一种关系是虚拟关系，这种关系出现于最近几年。在此之前，我们谈到了科技帮助人们维持关系，现在让我们回到关系的本质。

如今隔着网络，我们利用虚拟身份与其他人建立关系。我们无须传统的方式，就可以看到对方的长相，阅读对方写的东西。在网络上，我们感受不到对方真实的身体语言、语音语调、情感活动、言语行为及手势（这就是为什么在商业关系中，人们会优先选择面对面会议，而后才会选择视频聊天和视频会议，再是电话，最后是邮件）。

如今电子媒体和社交平台正在不断发展，其威力不可小觑。社交媒体确实在拉近关系、主动联系和发展有益事业上做出了很大的贡献。但社交媒体也给我们带来了挑战，于是在社交媒体上，我们可以亲眼看到和亲身体验以下内容：无缘无故袭击他人的“怪兽”、泛滥的淫秽内容、极端的评论等。

它们的出现是因为，社交平台更具包容性和开放性，我们无法看到发表言论的人到底是谁。我们长期受到道德文化的沁润，若上述行为发生在现实生活中，我们肯定会觉得粗鄙和恶心；因此很多人就利用社交平台，发一些我们在生活中绝对不会听到的、带有强烈政治性或宗教性的言论，又或者是令人发指的侮辱性语言。

因此，我们需要谨慎地看待虚拟关系。原因在于：

◎ 不管你如何设置访问权限，凡是在社交平台上发布的内容，都不是绝对的隐私。因此通过社交平台，别人有可能窥视你的个人信息。

◎ 在社交平台上，出现了一群虐狗者。这些施暴者大多非常自卑，他们希望通过打败对手，把对方的自尊心拉低到和自己一样的水平。这种事情会对一个人的价值观产生严重影响，所以请务必好好筛选自己浏览的信息。

◎ 一个人的虚荣心能在社交媒体上得到极大的满足。因为人们可以在那里无拘束，畅所欲言。但雁过必留痕，人过必留声。除非你注销账户，否则你发表过的言论很难被擦掉。说不定，你两年前发布的内容会在后来成为你的噩梦。

虚拟朋友可能是长久的，也可能是短暂的。如前所述，不管是长期的还是短暂的关系，它们都会受到社交媒体的影响。但社交媒体到底是面对面交流的工具，还是一种建立新朋友圈的方式？二者之间存在着细微的差别。基于这种差别，我们现在重点讨论，如何通过建立关系（不管是长期关系、短期关系还是虚拟关系）坚持走完人生旅程。请记住以下四点：

1. 有付出才有回报。要想建立友谊，就要先投资，我们不能只获取不付出。当然，我们不一定非要付出有形之物，倾听、支持、反馈和恻隐之心都是付出的表现。每段关系都像双向车道，双方是互惠的。请不要破坏车道的正常运行。

2. 信任是任何关系的基础。坦诚相待指彼此都非常清楚对方的最佳利益。因此，尽管有时候对方的反馈和建议有些刺耳，却是真正关心你的表现。所以在必要的时候，不能没有逆耳忠言（很多商人在做生意时都不信任客户，因而积攒了诸多不愉快或累赘的客户关系）。

3. 维护关系不应有你赢我输的零和思维，我们可以共赢（或者共输）。当然，我无意侵占你的胜利成果，但不管如何，我们都要有同甘共苦的心态。

4. 适当的关系最重要。如果你升职了，那么曾经的同事就会成为你的下属，曾经的上级就会成为你的同级。若你搬到新家，你的朋友圈也会和以前有所不同。对于个人关系，保持亲密和舒适就行；而对于专业领域的关系，我们必须正视。

当然，社交关系也有自己的潜规则，比如，你不能用和高尔夫伙伴相处的模式来和未来的岳父相处。我可不希望你犯这种错误。

人际关系能为你的人生旅途助力，他们能为你提供源源不断的力量或避风港。但是有一类人不仅会令你误入歧途，还会成为你的累赘。请万般小心他们，尽量避免与他们保持长期或直接互动。

我们都是“遗产受益者”

现在，让我（马歇尔）带你们穿越未来。

请想象自己已是一位 95 岁高龄的老人，死神正慢慢向你走近。然而，就在你弥留之际，上帝突然送来了一份意想不到的礼物：他赋予你一项特殊的超能力，让你回到过去，看看现在的自己。那么作为一位高寿且世事洞明的老人，你会对现在的自己说些什么？曾经让你头疼的问题，现在还是否重要？因为你已经知道时光有限，你会选择让幸福晚点敲门，还是把握现在？

我曾说过，每个人都应把握当下的快乐，而不是等成功后或者赚了一笔钱再享受快乐。追求梦想也是一样，现在就勇敢地去追寻吧！年纪越大，追梦越难。这个梦想不必很伟大，普普通通就好，比如学习编织、弹吉他或者翻越阿巴拉契亚山。不要在意他人的眼光，这是你自己的生活和梦想，是你让幸福来敲门的机会。随着岁月流逝，这些经历将会成为一笔无价的遗产。

遗产通常被认为是由前一辈人留下或者世代相传的东西。比如，某人在药学方面的成就就是一笔珍贵的遗产。但是若某人在有生之年并未认真对待自己的工作与生活，那么等他退休或者逝世后，就没有什么值得留下的遗产。

遗产是从每天的生活中不断创造和积累而来。

我们的日常生活就像一本小说，一篇接着一篇，一章连着一章，而我们的遗产也相应地附着在这些页面上。如果每一页的内容都相同，那么别人是否愿意阅读这么无聊的小说呢？他们会更愿意阅读一本故事情节峰回路转、惊喜连连，结尾发人深省的小说；说不定，他们还能从中学到人生哲理、生存技能和正确的价值观。

你看，两千年过去了，我们还在阅读荷马（Homer）、苏格拉底（Socrates）和亚里士多德（Aristotle）的作品，信仰着发源于几千年前的宗教。莎士比亚（Shakespeare）和莫里哀（Molière）的戏剧作品仍有醍醐灌顶之效，狄更斯（Dickens）和契诃夫（Chekhov）的文章仍引人深思。路易斯·阿姆斯特朗（Louis Armstrong）、比利·哈乐黛（Billie Holiday）和弗兰克·辛纳屈（Frank Sinatra）为美国音乐做出了巨大的贡献。还有居里夫人（Madame Curie）、乔纳斯·索尔克（Jonas Salk）和亚历山大·弗莱明（Alexander Fleming），他们在医学领域创造了极大的价值。

我们都是家庭、社区和专业领域里的遗产受益者。对我而言，舅舅留给我的最有价值的遗产是乐观。我曾效力过的老板留给我的最有价值的遗产是进取心。还有我曾遇见的很多人，他们留给我的最有价值的遗产就是为社区服务的精神和一颗慈善的心。

或许你听到后会觉得有点不可思议，但我想说：从现在开始，你可以有意识地创造自己的遗产。

很多人都没有发现这一机会，甚至直接忽视它，可是这样做的风险太大了。试想一下，如果你下意识地思考如何做贡献，如何积极地付出，如何善待他人。他们是否会为你现在的行为和决定提供帮助呢？

为解释得更为彻底，我们特意列举了以下三个真实案例：

1.《华尔街日报》的测试。商界领导者常常被问到一个问题："如果你的决定或者行为将登在明日《华尔街日报》的头版，你会不会感到开心？"也就是说，你是否愿意让你和公司的决策为人所知？他人是会为此感到骄傲并纷纷效仿，还是会感到羞愧而避之不及？

2. 康德的绝对命令理论。对于道德和适当行为，康德曾问：“如果每个人都这么做，那怎么办？”

如果人们都认为某种行为不会造成任何伤害，或者认为自己能侥幸避开不合适的行为（或者避开不合道德、法律规定的行为），那会有什么结果？（比如，在一般情况下如果你插队，人们可能会指责你。但是如果每个人都这么做，那么场面就会非常混乱，甚至造成人员伤亡。）

3. 你是否希望自己的孩子也这么做？当然，不是每个人都有孩子，但这点同样适用于我们的年轻一代。

请时常扪心自问：“我是否希望自己的孩子（或者年轻一代）向我学习？”我希望他们以后能善待他人，还是戴着有色眼镜看人？我希望他们以后能好好学习还是考试舞弊？毕竟与他们相处的时间越长，我们就越容易影响他们的成长。

实际上，我们最大的遗产就是自己的孩子。这不仅仅因为他们是独一无二的存在，还因为我们塑造了他们的价值观和行为。父母的养育和家庭环境（以及社会准则和社会压力）是决定成人行为最基本和最主要的因素。孩子总会问：“我什么时候才能像妈妈那样？”或者，“天啊，我简直和老爸一模一样！”

小孩子非常善于观察，因此我们应该时刻关注这类特殊的遗产。

这种遗产与临终前的物质遗产不同，它是由全心全意的日常教育和道德培养造就的。

如今，家庭聚会完全失去了其本质意义。我们过于忙碌，不断穿梭于课外活动、工作、电子游戏、体育运动等事项之间，餐桌交流俨然变成了过去的交流方式。

我记得在儿时，晚餐时光是我们一家人最快乐和最热闹的时刻，母亲分享如何与刁蛮的亲戚打交道，我从中学会了宽容；父亲分享工作中的趣事，我从中学会了苦中作乐；我经常向他们诉说自己在学校里遇到的问题，而父母亲提供的建议，让我能更自如地解决问题。

现在世界较以前更为纷繁复杂，为了孩子或后辈，我们的个人行为也比以往更重要，影响也更为深远。

因此我们应该意识到榜样或者模范的重要性。我们强调，遗产是每天努力得来的结果，而不是某天你逝世或者离开后的纪念物。

正如运动员、艺人、政治家、研究员、商人的遗产价值各不相同，我们每天的决定和行为就是自己的遗产。在生活中，还有很多人正不断创造着遗产，只不过我们缺少了一双发现的眼睛。其实我们也会（或者不会）或多或少地为生命中的他人提供遗产。

你正做着什么奉献呢？康德的绝对命令理论也适用于积极行为。社交媒体不仅推动了信息传播，也引领了慈善捐款（如“冰桶挑战”）的新风尚。如果在一个社会里，大家都出于慷慨而相互帮助，自愿付出时间和金钱，勇于承认错误并道歉，你会不会很感动？

日本地铁上的秩序非常混乱，有些人若想上车，就得靠工作人员把他们推进早已人满为患的车厢。但新干线上就是另一种风景了。新干线各车厢会停在指定的站台上，人们排着队，有条不紊地依次上车。你看,即使在同一个文化背景下,人们的行为方式也千差万别。

那么我想问一个最重要的问题：现在，你将如何一边继续蜕变之旅，一边创造自己的遗产价值？遗产价值不可能在一夜之间形成，因此请继续保持乐观,积极生活。这不仅会让你的生活变得更加美好，还会对他人的蜕变之旅起到长久的指导意义。

人生风暴让我们学会对生活负责，学会在无私的奉献中尽力享受生活。希望我们的亲身经历能给你的蜕变之旅带来启发。

第9章

8 项测试，100 次扪心自问，你决心改变了吗？

几十年的教练经验让我们发现：同样是学习新知识或新技能，有些人收效甚微，有些人却能从中获得新动力，取得显著进步。二者之间的差异太明显了！因此本章将以如何成为后者为讨论中心，我们希望读者都能成为后者。现在不管你是否意识到，你都正走在通往成功的路上。让我们暂且把前进的方向、速度和成就搁在一边。

在人生旅途中，如果你真想运用本书讲述的人生风暴准则，那么请先参考成功人士的优良品质。

即学即用，从不拖延。不要等到“合适的时间”或者“适当的场景”。你必须主动出击，寻找运用所学知识的机会。比如，如果你想培养良好的性格，就确定什么对你而言是最重要的，然后迅速找到能让自己快速提升的方法。如果你想测试自己的信仰与价值观的关联程度，就将他们一一写下，看它们能否反映你当下的态度。如果你想改变或扩大朋友圈，请描述你理想中的朋友的模样，然后主动向他们伸出双手。

分享自己的计划。若想培养责任感，你可以邀请朋友加入自己的计划。这样一来，他们不仅能督促你进步，还能给予你适当的帮助。之前我们说，如果服务员很胖，那么顾客就容易点过量的食物。同理，如果身边的朋友都在健身，那么我们也会更加努力地锻炼身体。所以，请与已经发生巨大改变，以及那些正在改变之路上的人交朋友。当然，我们也要对他们负责。

追求成功，而不是完美。千万不要因为一个小错误而否定整段旅程。完美并不存在，因此失败和沮丧不可避免。这些都没有关系。旅途与障碍总是如影随形，我们只是会因此走得慢一点儿而已，没什么大不了的，只要不偏离轨道就好。请做一根弹簧，从挫折中吸取教训，为未来的成功打下坚实的基础。

写日记和做记录。早上，花一分钟写下今天要完成的工作；晚上，花一分钟记录今天已完成的工作。复印件、电子文件或者音频都是记录思想与看法的好工具。回顾会让你更透彻地理解过往经历。因此请努力积极向上，为生活中的正能量而奋斗。

专注并依赖成功的力量。一旦取得了显著进步，就立刻进行总结，然后复制。与纠正错误相比，成功的力量更能让你快速进步。如果你发现自己很适合领导者的角色，那就继续找同类型的职业，或者把现有的工作做到极致。这点同样适用于其他方面。

让改变与前进的方向保持一致。在第 8 章，我们分别讨论了三类关系：长期的关系、短暂的关系和虚拟关系。分类原则由你的旅途方向而定。不论你和对方的关系属于哪一类，这段关系的走向都应该与你的目标一致。同样的情况还包括你自己的兴趣、爱好、身份等。

旅程中应同时具备战略与战术。你前进的方向——想成为什么样的人，拥有怎样的人生目标——就是你在人生旅途中施展的战略；对旅途中的挑战与困难做出的决定就是你的战术。你在人生之路上所做的决定应以达成目标为目的，而不应偏离轨道。

勇敢地问："我能从中得到什么好处？"实际上，我们有时候可以适当地自私一点，这很重要。在人生之路上，你肯定不想总是牺牲自我，帮助他人。其实帮助自己就是在帮助他人，这听起来好像有点不符常理。这是因为自我感觉越好，人就会越自信。只有做到这点，你才能智慧地帮助他人，获得双赢。但是果你总是为他人让道，那么你要在何时才能到达目的地呢？

不断提高准则。进步越大，越是成功，就越要提高准则。千万不要沉浸在既有的准则里无法自拔，不然，世界纪录为什么总会被打破呢？10 年前，人们认为无法实现的撑竿跳高度，现在早已被超越了。

时刻记住，现在不能决定未来。我们总会陷入一种思维误区，认为现状就是生活的最终模样。现状不过是通向未来的中间站。19 世纪后期，一位专利官员曾大言不惭地说，应该关闭专利局，因为世界上所有的新发明都已被发明了。但我们知道，最新的现在可能是过去的未来。改变才是一个恒定值。

现在请按照本书的章节顺序做一些小测试，我们也建议你每天用以下问题进行自我问答，观察自己每天的进步或没有做好的地方。这些测试能为你的人生之旅提供合适的框架。可以说，这些问题都是从每个章节中提炼出来的核心。若你读完了本书，它们便是你的“场外指南”；若你正在阅读本书，它们能帮你即学即用。

测试 1：看清自己，确定志向

为什么我们会设定错误的目标和标尺？我们到底应该成为什么样的人？进行以下测试，可能有助于你朝正确的方向前进。

1. 在他人眼里，我应该成为怎样的人？

2. 我为什么非常想成为这样的人？

3. 我每天都能充分利用的真正的内部控制是什么（见图 9.1）？

____

____

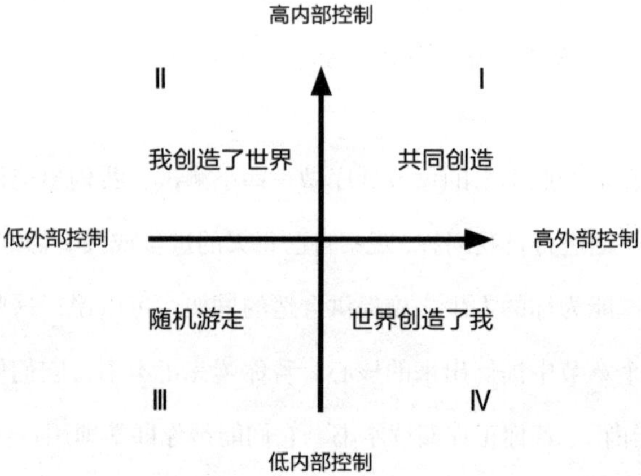

图 9.1　内部控制与外部控制关系图（同图 1.1）

4. 以下是检验自己标尺和准则的简单测试。

（1）谁是你心中的英雄？这个人可以来自你的生活，例如老师，也可以是出现在新闻中的某个人物。

____

____

（2）请写下这位英雄吸引你的品质，至少写出 7 点。

①______________________________

②____________________

③____________________

④____________________

⑤____________________

⑥____________________

⑦____________________

（3）现在请回到第一条，划掉这位英雄的名字，然后写下自己的名字。

（4）请在第 2 条的 7 种品质内，选出哪些是自己已经具有的，哪些是自己还需要培养的。

①已具有：

____

待培养：

____

②已具有：

____

待培养：

____

③已具有：

____

待培养：

____

④已具有：

待培养：

⑤已具有：

待培养：

⑥已具有：

待培养：

⑦已具有：

待培养：

5. 你将如何使自己从“旋涡”（比如社交媒体）中脱身，并专注于自己的道路?

6. 你的人生之旅会遇到何种挫折，你计划如何忽视或者规避？

7. 你的人生准则、信仰和志向的基本源泉是什么？

测试 2：是朋友，更是前进路上的伙伴

朋友是陪伴你几站，但终究会下车的旅客，他们是永久的也是暂时的。

8. 你最容易感受到的世俗压力是什么？

9. 你将如何改变或消除这种压力？

10. 谁是你最珍视的一辈子的朋友？

11. 你是否有消极或行为反常的朋友？他是谁？

12. 在人生之路上，你喜欢和哪种人交朋友？

13. 你和谁感同身受（如果有的话）？

14. 现在，你处于防水门的哪一阶段（见图 9.2）？

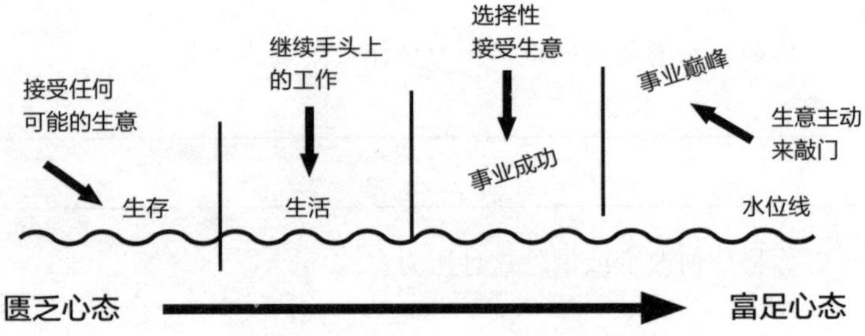

图 9.2　防水门模型（同图 2.1）

15. 要怎么做才能前往下一层次，并牢牢封闭身后的防水门？

16. 为了达成更令人满意的结果，你会选择抛弃什么？

17. 对你而言，成功的含义是什么？

18. 当你思想贫瘠、心态匮乏之时，你最典型的表现是什么？你将如何做出改变？

19. 你位于图 9.3 中的哪一象限？为了让自己晋级或保持在第Ⅱ象限，你将会有何种打算？

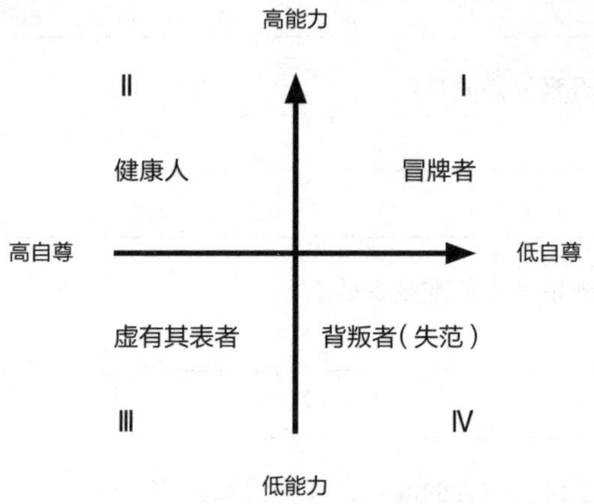

图 9.3 自尊和富足感（同图 2.2）

测试 3：改善行为，赶上变化的步伐

20. 什么事情让你花费了超出预设的时间和金钱？为什么？

____

____

21. 有什么坏习惯是你曾一次性改变了的？你成功的秘诀是什么？

____

____

22. 你想改掉什么习惯？

____

____

23. 你想替换掉什么习惯？

____

____

24. 你需要怎样的帮助？

____

____

25. 你衡量进步的准则是什么？

____

____

26. 为了维持改变的成果，你将采取哪些措施？

____

27. 为了塑造更好的态度和行为，你认为应该检测哪些信仰？

____

____

28. 听到坏消息或看到不友好的举动时，你的第一反应是什么？

____

____

29. 你愿意改变自己的这一反应吗？如何改变？

____

____

30. 在权限指标（见图 9.4）中，你处于哪一类？

____

____

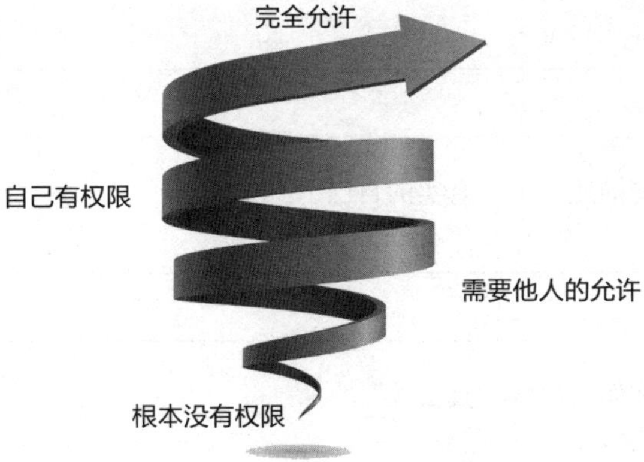

图 9.4 螺旋图（同图 3.2）

31. 在改善行为的路上，你将如何提高自己的权限指标，并将其维持在合理的区间？

____

____

测试 4：更新你的信仰系统

你选择相信我，还是你那双会撒谎的眼睛？

32. 你曾经在何时何地认为自己是一个冒牌者？为什么？

____

____

33. 你是否害怕表现得趾高气扬或者不可一世？在什么情况下别人会这么认为？

____

____

34. 请描述一下“真实的自己”。

____

____

35. 你如何理解“真实性”？

____

____

36. 你对自己的基本了解有多少？比如，你擅长什么？不擅长什么？在问题来临时，你会如何反应？等等。

37. 你认为自己有哪些方面需要改变？

38. 在改变之路上，你需要修正、创造或者舍弃哪些行为（离开一个团队、正视错误的关系、尝试不一样的投资方式）？

39. 做重大改变时，你是只依赖逻辑，还是只依赖情感，又或者是二者兼备？

40. 长期以来，你最明显的错误信仰是什么？

测试 5：塑造强大性格

41. 请根据以下标准，为自己的六种性格打分，分类如下：一点都不符合我（1 分）；我很少会这样（2 分）；在特定情况下，我就是这样的（3 分）；一般情况下，这就是我（4 分）；我总是这样（5 分）。

性格	分数
聪颖	________
果断	________
幸福	________
同理心	________
待人友善	________
亲密真诚	________

42. 你曾做过重要的道德决定吗？如果有，你对结果满意吗？

____

____

____

43. 你位于幸福和意义评估表的哪一象限（见图 9.5）？

____

____

____

44. 你的自尊水平处于哪一层？

____

____

45. 在不稳定时期，你如何保持内心和行为的一致？

____

____

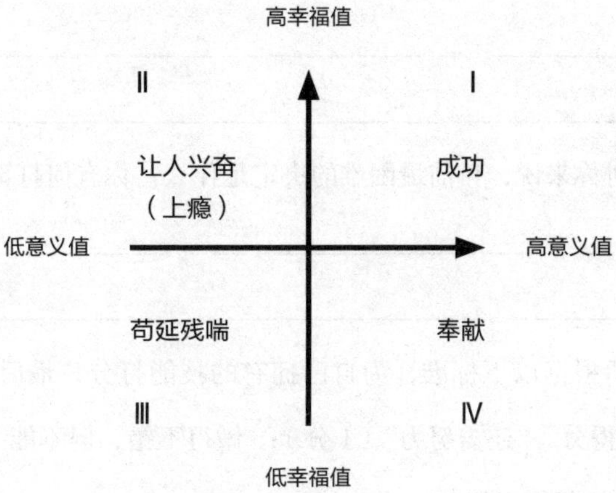

图 9.5　幸福与意义（同图 5.1）

46. 你是否经常把自己放置在非正式领导的地位上？

____

____

47. 你能抓住合适的道歉时机吗？你是否能有效且冷静地道歉？

____

____

48. 你会在什么情况下感谢他人，或者接受他人的批评？你愿意和别人分享自己在什么领域的成功？

____

____

49. 你是否会做出艰难的决定？换句话说，你是否会拖延着不做出决定，或是让其他人替你做出决定？

____

____

50. 对你来说，目前最困难的决定是什么？你有何打算？

____

____

51. 请根据以下标准，为自己拥有的技能打分，最后，算出你自己的总得分。“还需努力”（1分）；“做得不错，但不能一直如此”（2分）；“执行得很好”（3分）。

技能	分数
如期完成任务	________
兑现承诺	________
快速完成任务	________
快速找到所需信息	________
合理规划时间	________
制定正确的优先事项	________
评估潜在风险和回报	________
确定和调动资源	________
根据任务建立团队	________
快速有效地做决定	________
快速正确地解决问题	________
提出新理念	________

测试 6：断舍离，轻生活

52. 你该放弃哪些客户或个人关系？

____

____

53. 你改变的基础是什么？（见图 9.6）

____

____

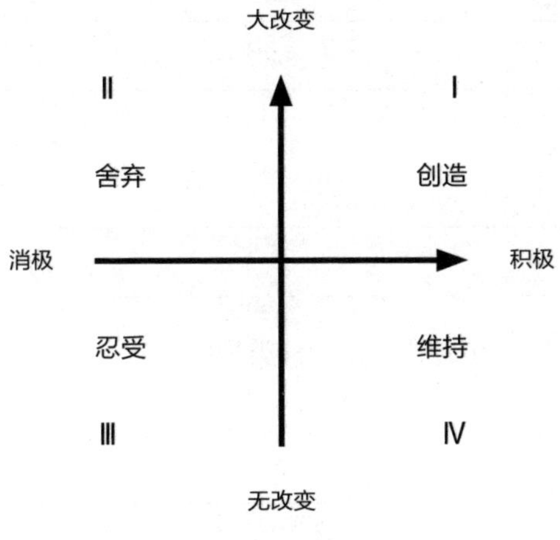

图 9.6 断舍离（同图 6.1）

54. 现在请选择两个或者两个以上你认为生命中必不可少的那些人，想想他们分别属于哪一类：

____

____

____

舍弃：

1. ______________________________

2. ______________________________

忍受：

1. ______________________________

2. ______________________________

维持：

1. ______________________________

2. ______________________________

创造：

1. ______________________________

2. ______________________________

现在请回答：在遇见上述四种类型的人时，你应该做些什么？

舍弃：

1. ______________________________

2. ______________________________

忍受：

1. ______________________________

2. ______________________________

维持：

1. ________________

2. ________________

创造：

1. ________________

2. ________________

55. 如果有组织或成员不适合或不支持你的改变之旅，你是否应该马上和他们断开联系？

____

____

56. 从现在开始，你对生活有何憧憬？

____

____

57. 如果有机会，你愿意遇见谁，和谁交朋友？

____

____

____

58. 你认为什么是“不可避免的灾祸”？或者，你认为什么是必须履行的义务？

____

____

____

59. 你用什么来衡量进步与成功？个人准则，还是他人准则？

60. 根据图 9.7，你认为哪个象限的权重最大？你要怎么做才能创新？

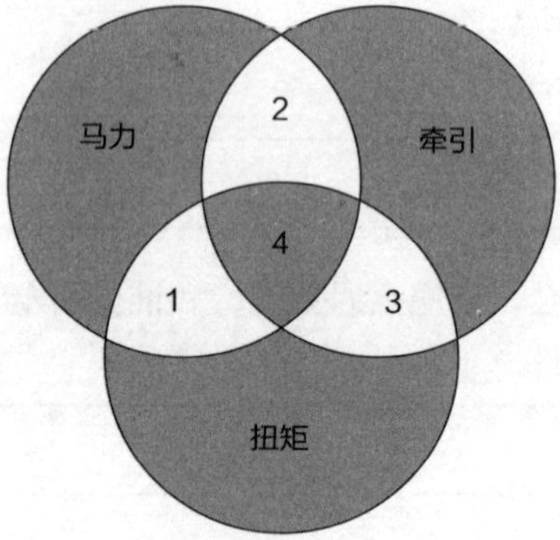

图 9.7 开在旅途上的车辆（同图 6.2）

61. 如果时光倒流到一年之前，你是否已经完成了之前定下来的目标？

62. 就当前的旅途而言，你处于图 9.7 的哪一个位置？

____

____

____

63. 你要怎么做才能达到图 9.7 中的 4 号状态？达到后又该如何维持？

____

____

____

64. 你目前处于图 9.8 的哪一位置？若想进一步提升，你最想提高哪个领域？你将采取什么措施？

____

____

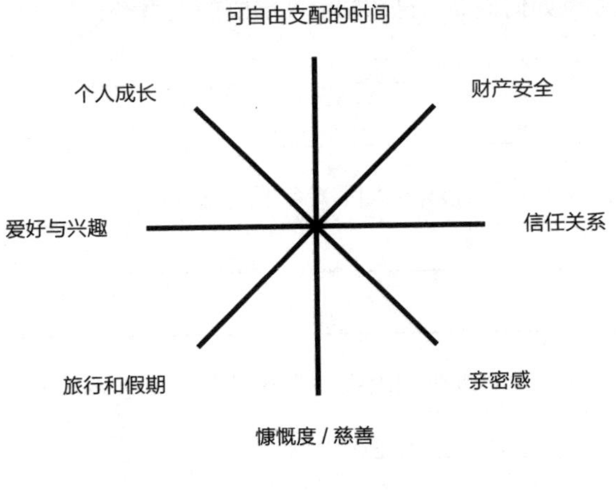

图 9.8　个人成长指标（同图 6.3）

测试 7：为达目的，丢掉坏情绪

请甩掉旧包袱，创造全新的准则和能力。

65. 导致你恐惧的原因是什么？为什么会这样？

66. 如何才能摆脱恐惧情绪？

67. 在什么情况下，你会说不出话或者感到惊慌失措？现在你是否已经克服了这些不良反应？

68. 你将如何提高自己预知潜在陷阱的能力？

69. 你在哪种情况或者人际关系下会感到内疚？

70. 你最容易对谁感到内疚，不管对方是有意还是无意？

71. 你认为解决前两个问题，最有效的方法是什么？

____

____

72. 你内疚的程度有多深？你将如何克服这种内心反应？

____

____

73. 为了达到目的，你需要舍弃什么？

____

____

74. 你需要扔掉哪些“包袱”？

____

____

75. 日复一日，你将如何锻炼自己的自尊心？

____

____

76. 你是否处于不确定区域内（见图 9.9）？如果是，你将如何渡过那些让你深陷迷惘的难关？

____

____

77. 如果你打算写日记，昨天的事情你将如何写起？

____

____

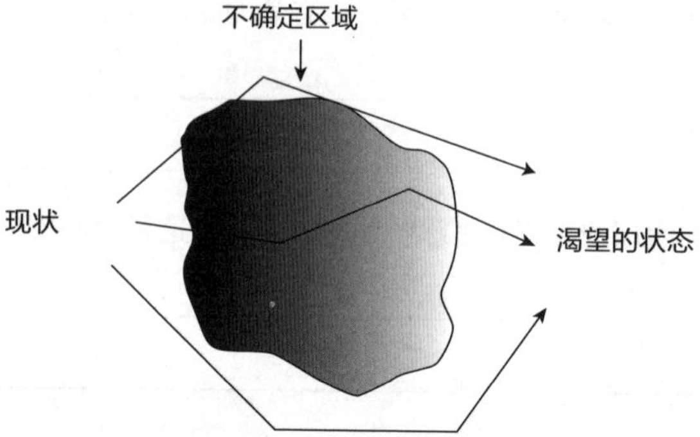

图 9.9 不确定区域（同图 7.1）

测试 8：蜕变无止境

人生中丰富各异的人与事，培养了你不断成长的力量。

78. 你如何评价自己目前的慷慨程度？

____

____

79. 你是否会理性地同情他人（认同他人的感受）？程度有多深？

____

____

80. 你是否会感性地同情他人（感同身受）？程度有多深？

____

____

81. 在工作中，你如何将热情与天赋有机地结合在一起？

82. 当你听说一件事难以完成时，你会如何应对？是选择忘记、质问原因、尝试做得更好，还是换一种方式？

83. 在过去几年里，你有哪些全新的行为，或者探索了哪些全新的领域？

84. 选择两个你最想探索的新领域，并说说你的打算？

85. 请谈谈你的自主程度。

86. 在做重大决定时，对于未来可能存在的严重风险，你有哪些考虑？

87. 根据图 9.10，你在哪一象限里待的时间最长？如何灵活运用这些可行行为？

88. 你最擅长发展哪类关系？你是否愿意发展新的关系？

89. 为了得到回报，你会付出（给予）什么？

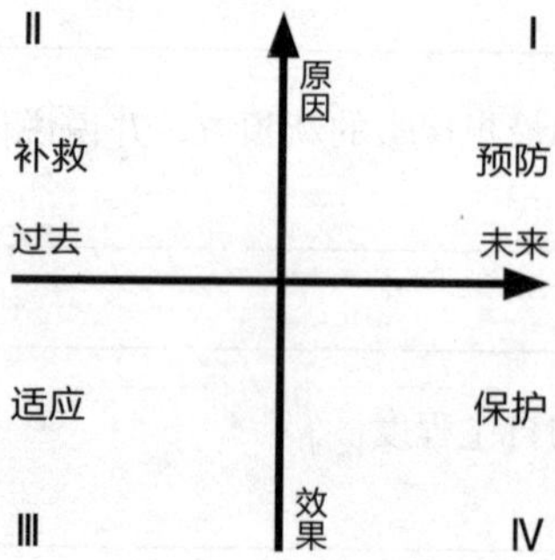

图 9.10　可行行为类型（同图 8.1）

90. 你是否能迅速与他人建立信任，并维持好这份关系？

91. 你是否总能维持双赢的局面？你是如何做到的？

92. 有些关系会逐渐背离我们的人生目标，你是否有能力对此做出改变？同时，你是否有能力让新的关系朝着有利于你人生目标的方向发展？

93. 你昨天给自己创造了什么遗产？

94. 做重大决定时，你是否会问自己："如果大家都知道这件事，那会发生什么？"这对你的改变之旅有什么影响？

95. 做重大决定时，你是否会问自己："如果每个人都这样做，那会发生什么？"这对你的改变之旅有什么影响？

96. 你是否会问自己："这是不是我心目中的家人和朋友？"这对你的人生进程有什么影响？

97. 你明天想给自己创造什么遗产？

98. 你是否希望通过特殊的方式让他人记住你，并让他们对你的生活有更深入的了解？

99. 你从本书中获得的最大启发是什么？

100. 你是否还有一些重大问题，本书仍未能帮你解决？你将如何找到那些问题的答案？

若想详细了解创造和维持改变人生之路的方法，请发邮件至alan@summitconsulting.com，艾伦·韦斯会为你答疑解惑。

若想更深入地了解马歇尔·古德史密斯，请访问网址www.marshallgoldsmith.com，或者发邮件至marshall@marshallgoldsmith.com。

让生活焕然一新！成长、蜕变为理想的自己！

GRAND CHINA

中资海派图书

[美] 劳拉·希伦布兰德　著

张慧云　译

定价：55.00 元

奥斯卡金像奖口碑之作

以坚不可摧的意志逆转人生至暗时刻

- 5 年，89 场比赛，33 个冠军，13 项赛马纪录，征服了全世界奖金超高的赛马会，赢得了赛马史上伟大的比赛；
- 这匹赛马的关注度甚至超过了罗斯福总统，成为美国精神的象征；
- 他们不仅改变了自己的命运，更激发了整个国家走出大萧条的勇气。

GRAND CHINA PUBLISHING HOUSE

[德] 邦妮·圣约翰　艾伦·海恩斯　著

葛秋菊　译

定价：49.90 元

“美国最鼓舞人心的五位女性之一”倾情力作

克林顿、小布什、奥巴马一致盛赞

- 逆势创造奇迹的“复原力女神”，教你时刻保持最佳状态！
- 专业团队历时 7 年，融合神经科学、心理学、生理学前沿成果
- 研究结论经过数千人反复评估，最终形成 5 大复原法则！
- 即学即用的复原力指南，让你的内心更有韧劲，生活充满意义！
- 帮你重塑大脑，为身体充电，快速获得更强大的能量、更持久的专注力！

反低调
这就是你告别平庸的方式
ÜBERZEUGT!
[德] 雅克·纳斯海 著
严孟然 译
《影响力》力荐
你不是没能力
只是不会展示自己
手把手教你刷出
存在感 + 吸引力 + 硬实力

GRAND CHINA PUBLISHING HOUSE

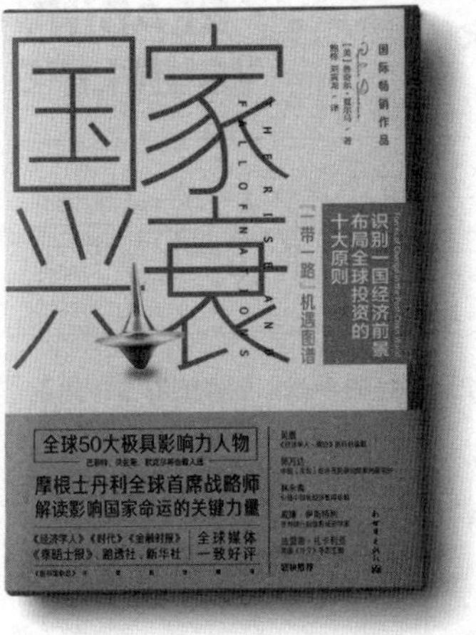

[美] 鲁奇尔 · 夏尔马　著

鲍栋　刘寅龙　译

定价：69.8 元

10 大核心原则
看懂未来全球经济格局与中国的前景

正确运用 10 大核心原则，看懂国运变迁，这是改变个人命运的开端

- 暴涨的洋葱价格摧毁了谁的财富？政府干预的边界到底在哪？
- 下降的汇率更利于国际竞争吗？科技或资源富翁如何影响贫富不均？什么样的人口结构才能产生红利？
- 政治强人如何改变一国的命运？国际舆情热捧就一定有利于国家发展吗？多高的债务增长率会造成经济猝死？
- 为什么制造业最重要？区位优势的威力怎样运作才能最大化？

翻开这本书，你将彻底读懂正在发生的经济变化，消解经济格局变迁带来的财富焦虑与危机感。